petite révision de grammaire française

petite révision de grammaire française

WILLIAM W. RYDING
Fairleigh Dickinson University

Harper & Row, Publishers
New York, Evanston, San Francisco, London

Photo credits: Michel Cosson (cover, pp. 28, 53, 120). French Embassy Press and Information Division (p. 45). French Government Tourist Office, New York (pp. 9, 17, 42, 63, 71, 82, 91, 100, 109, 139, 157, 167, 176, 185).

Sponsoring Editor: George Telecki
Project Editor: Ellen Antoville
Designer: Michel Craig
Production Supervisor: Will Jomarrón
Photo Researcher: Myra Schachne

PETITE RÉVISION DE GRAMMAIRE FRANÇAISE

Library of Congress Cataloging in Publication Data
Ryding, William W
     Petite révision de grammaire française.
     1. French language—Grammar—1950-   1. Title
PC2112.R9   445   74-34560
ISBN 0–06–045686–8

table des matières

2. LES PRONOMS

3. L'ARTICLE, L'ADJECTIF, L'ADVERBE

4. DIVERS

avant-propos

The *Petite Révision de Grammaire Française* is intended for average American students of second-year French. In it I have sought to present the indispensable minimum of French grammar in its simplest and most general form, believing that too many qualifications, exceptions, and special nuances (and there are many in French) tend to discourage the students and to impede oral production. Of course, subtleties and complexities are included to the degree that they are necessary, particularly when they are difficult for Americans, for example, the use of *y* and *en*, the distinctions in use between the *passé composé* and the imperfect. These matters must be learned, even though they constitute serious stumbling blocks for our students. On the other hand, problems with which even French natives have difficulty and which do not affect syntax—the agreement of the past participle, for example—I treat much more briefly than usual.

The book is almost entirely in French; English is used only to convey essential nuances that might otherwise escape the students' attention, or to test knowledge of structures whose difficulty lies in the interference of the English with the French pattern. For second-year students, after all, there is not much to be gained by using English explanations; students are quite capable of understanding *adjectif* or *participe passé* as they are the corresponding English terms. Moreover the explanations are less important than well-chosen examples, and the advantage of having a book that permits us to teach the language in its own terms, rather than reverting continually to another language for the *real meaning* is self-evident.

The book is organized so as to move from essential

matters to those of lesser importance (because the latter
cause less initial difficulty and require less review),
progressing from verbs and pronouns to articles, adjectives,
and adverbs. A final section deals with miscellaneous matters
not easily included under other headings, such as the use of
depuis, irregularities of various sorts, and distinctions in verb
usage (*savoir* and *connaître,* for example).

A strong feature of the book, I believe, is the organization
of the material into discrete units. The sentences of each
exercise focus on a particular structural problem, which is
repeated with minor variations sufficiently to induce a level
of habituation. In general the exercise portion is greater in
length than is the explanatory material, as the students learn
more by doing than by being subjected to abstract
explanations—no matter how clear and elegant they may be.

Complete sentence responses are the rule. Only rarely
are there blanks to fill or translation exercises, the latter only
when they seem the most economical way of testing the
students' mastery of the material. In general, I have sought
to provide a large number of typical structural patterns for
the students to respond to and to internalize through
high-frequency exposure. I have avoided the tendency to
conceive exercises as a series of subtle problems to be solved
through the application of a "rule."

Grammar is not by its nature unfailingly fascinating, and
it is here that the individual teacher's skills become crucially
important. A good teacher will use the vocabulary and
implied context of the exercises as points of departure for
more spontaneous discussion, drawing upon subject matter of
immediate local interest at that time and place, things a
writer of textbooks cannot anticipate. In this regard, however,
it will be noted that I have used in the exercises a vocabulary
somewhat more vigorous than usual, avoiding "books and
pens on the table," the *beaux châteaux* and the *bons restaurants*;
it is, after all, very hard to develop enthusiasm for such bland
and empty language, even when set down in the purest
French. The remedy, I believe, is to devise sentences with
a measure of pungency and relevance.

Although the vocabulary is aimed at people of some

education, the high number of cognates in learned language will make the text easily accessible to American university students. In any event, a full French-English vocabulary is included.

The division of the book into small fragments will make it easy for the teacher to work on specific points as needed by individual classes, omitting what might be felt to be of secondary importance (there is a complete grammatical index). Since each unit is essentially self-contained, any one unit can be omitted without detriment to the students' understanding of succeeding units (there are obvious exceptions, but this holds true in general). The order of presentation can likewise be altered, depending on the teacher's perception of the class's needs.

The entire book can be covered in a standard 16-week semester simply by averaging about 6 units per week. However, my own experience has been that best results are obtained when there is variety in the presentation, when the grammar review is supplemented by literary or cultural readings and stretched out over the full year.

I should like to acknowledge the assistance of Professors Liliane Gaffney and Jacqueline Hellermann, who read the text in its early stages, and also the detailed and invaluable suggestions of Professor André Mesnard, who generously gave of his time and energy to make this a better book.

W.W.R.

petite révision de grammaire française

les
verbes

1

1. Les verbes en -*er*

Pour former le présent des verbes terminés à l'infinitif
par **-er**, on ajoute au radical les terminaisons suivantes: **-e,
-es, -e, -ons, -ez, -ent**:

	parl**er**	arriv**er**
1	je parl**e**	j'arriv**e**
2	tu parl**es**	tu arriv**es**
3	il parl**e**	il arriv**e**
4	nous parl**ons**	nous‿arriv**ons**
5	vous parl**ez**	vous‿arriv**ez**
6	ils parl**ent**	ils‿arriv**ent**

Remarquez que les formes 1, 2, 3 et 6 se prononcent de la
même façon; c'est le pronom sujet seul qui indique les différences de sujet dans la langue parlée. Pour les verbes qui
commencent par une consonne, il n'y a aucune différence de
prononciation entre le singulier et le pluriel de la troisième
personne, la terminaison **-ent** étant muette. Ainsi **il parle** et
ils parlent se prononcent /il parl/.[1] Si le verbe commence par
une voyelle ou un **h** muet, on fait au pluriel la liason entre le **s**
et la syllabe suivante: **ils arrivent** /ilzariv/; c'est ainsi que se
distingue le pluriel du singulier.

---

[1] Voir à l'appendice A la table des symboles de l'alphabet phonétique.

Dans les formes interrogatives par inversion, les formes 3 et 6 se prononcent toujours de la même façon :

arrive-t-il   arrivent-ils   /arivtil/
parle-t-il   parlent-ils   /parltil/

Faites attention aux verbes en **-ier** (**étudier, apprécier, oublier, rectifier, remercier**, etc.). Il faut conserver le **i** à toutes les personnes :

j'oubl**ie**   nous oubl**i**ons
tu oubl**ies**   vous oubl**i**ez
il oubl**ie**   ils oubl**i**ent

Le verbe **aller** est irrégulier :

je vais   nous allons
tu vas   vous allez
il va   ils vont

EXERCICE A.   *Mettez au pluriel.*
MODÈLE   Je vous donne cette fleur.
              Nous vous donnons cette fleur.

1. Tu me conseilles cette solution? 2. Je lui demande ce renseignement. 3. Il avance cette réponse. 4. Tu vas au bureau? 5. Je vais en Russie. 6. Elle oublie les accords. 7. Tu apprécies ma situation. 8. Je gagne moins que vous. 9. Tu éprouves le besoin de te punir. 10. Il va se marier.

EXERCICE B.   *Mettez au singulier.*

1. Vous demandez une explication. 2. Ils vont au Canada. 3. Nous mobilisons l'imagination des masses. 4. Vous allez comprendre. 5. Elles orientent la discussion vers cette conclusion. 6. Ils étudient trop. 7. Vous savourez votre triomphe?

EXERCICE C. *Répondez affirmativement aux questions suivantes.*
MODÈLE   Vous aimez les causes perdues?
      Oui, j'aime les causes perdues.

1. Rectifiez-vous la situation?   2. Renoncez-vous à la lutte?   3. Je dépense trop?   4. Vous passez les vacances là-bas?   5. Je crée quelque chose de nouveau?   6. Etudiez-vous la peinture impressionniste?   7. Ignorez-vous son numéro de téléphone?   8. Et eux, arrivent-ils demain soir?   9. Et lui, admire-t-il cette solution?

EXERCICE D. *Répondez négativement aux questions.*
MODÈLE   Je parle bien?
      Non, vous ne parlez pas bien.

1. Ils arrivent à midi?   2. Vous tombez dans la mélancolie?   3. Elles utilisent bien leur argent?   4. J'étudie trop?   5. Je remercie mes amis?   6. Vous envoyez des lettres?   7. Vous écoutez la musique?

2.   Les verbes en -*ir*

On forme le présent des verbes en **-ir** en ajoutant au radical les terminaisons suivantes: **-is, -is, -it, -issons, -issez, -issent**:

	fin**ir**	obé**ir**
1	je fin**is**	j'obé**is**
2	tu fin**is**	tu obé**is**
3	il fin**it**	il obé**it**
4	nous fin**issons**	nous‿obé**issons**
5	vous fin**issez**	vous‿obé**issez**
6	ils fin**issent**	ils‿obé**issent**

Les formes 1, 2 et 3 se prononcent de la même façon; 3 et 6 se prononcent différemment.

Voici quelques verbes conjugués selon ce modèle: **agir**, **réagir**, **bâtir**, **salir** (*to dirty*), **ralentir** (*to slow down*), **choisir**, **réfléchir**, **rougir** (*to blush*), **réussir**, **démolir** (*to demolish*), **fleurir**, **polir**.

Certains verbes, tels que **sentir**, **partir**, **dormir**, **sortir**, **servir** et **mentir** (*to lie*), ne prennent pas ces terminaisons. Ce qui caractérise ces verbes, c'est que la consonne du radical ne se prononce pas au singulier, mais se prononce à toutes les personnes du pluriel:

sentir (singulier)		**sent**ir (pluriel)	
je sen**s**	/sã/	nous sen**tons**	/sãtõ/
tu sen**s**	/sã/	vous sen**tez**	/sãte/
il sen**t**	/sã/	ils sen**tent**	/sãt/

Il en est de même des autres verbes[1] de cette catégorie:

je pars, nous par**t**ons; je dors, nous dor**m**ons; je sers, nous ser**v**ons, etc.

Les verbes **ouvrir**, **couvrir**, **découvrir**, **offrir**, **souffrir** se conjuguent au présent comme les verbes en **-er**:

1	j'ouvr**e**	je souffr**e**	je couvr**e**
2	tu ouvr**es**	tu souffr**es**	tu couvr**es**
3	il ouvr**e**	il souffr**e**	il couvr**e**
4	nous ouvr**ons**	nous souffr**ons**	nous couvr**ons**
5	vous ouvr**ez**	vous souffr**ez**	vous couvr**ez**
6	ils ouvr**ent**	ils souffr**ent**	ils couvr**ent**

Comme pour les verbes en **-er**, les formes 1, 2, 3 et 6 se prononcent de la même façon.

Les verbes **venir** et **tenir** sont irréguliers:

je viens	je tiens
tu viens	tu tiens

---

[1] Il en est de même... = C'est la même chose pour les autres verbes.

il vient	il tient
nous venons	nous tenons
vous venez	vous tenez
ils viennent	ils tiennent

A tous les temps les verbes **venir** et **tenir** se conjuguent de la même manière, et leurs dérivés aussi (**devenir, prévenir** (*to notify*), **revenir, se souvenir de, appartenir, contenir, obtenir, retenir, soutenir**).

EXERCICE A.   *Mettez au pluriel.*
MODÈLE   Je finis le travail.
         Nous finissons le travail.

1. Tu rougis facilement.   2. Il réagit vite.   3. Tu m'offres un verre.   4. Je bâtis un château.   5. Tu pars à minuit.   6. Elle obéit toujours.   7. Je ne réussis pas souvent.   8. Il ouvre le paquet.   9. Tu salis tout.   10. Il ne se sent pas bien.   11. Je me sers de votre machine.   12. Il démolit le quartier.   13. Il vient me chercher ce soir.   14. Elle dort profondément.   15. Elle blanchit les draps.   16. Elle me ment toujours.   17. Tu tiens toujours tes promesses?   18. Je maigris beaucoup.   19. Tu choisis un mot.

EXERCICE B.   *Mettez au singulier.*
MODÈLE   Nous choisissons l'endroit.
         Je choisis l'endroit.

1. Nous réfléchissons à l'événement.
2. Vous dormez encore?
3. Ils ne réagissent plus.
4. Vous servez les clients?
5. Elles ouvrent les boîtes.
6. Nous nous salissons les mains.
7. Vous vous tenez debout.
8. Nous n'offrons rien.
9. Elles rougissent de honte.
10. Vous sentez ces roses?

11. Elles viennent ce soir.
12. Vous ne ralentissez jamais?
13. Vous mentez très mal.
14. Nous consentons à faire n'importe quoi.
15. Elles s'endorment en lisant.
16. Vous servez des boissons empoisonnées.

EXERCICE C. *Répondez négativement aux questions suivantes.*
MODÈLE   Vous dormez?
            Non, je ne dors pas.

1. Vous sentez le danger?
2. Vous finissez le travail?
3. Vous consentez à faire cela?
4. Vous ouvrez volontiers votre cœur?
5. Vous mentez souvent?
6. Vous lui tenez compagnie?
7. Je viens vous chercher ce soir?
8. Je rajeunis?
9. Je mens trop souvent?
10. J'ouvre la bouteille?

3. Les verbes en -*re*

Pour former le présent des verbes terminés à l'infinitif par
-re, on ajoute au radical les terminaisons suivantes:

	répond**re**	entend**re**
1	je répond**s**	j'entend**s**
2	tu répond**s**	tu entend**s**
3	il répond	il entend
4	nous répond**ons**	nous‿entend**ons**
5	vous répond**ez**	vous‿entend**ez**
6	ils répond**ent**	ils‿entend**ent**

Les formes 1, 2 et 3 se prononcent de la même façon; 3 et 6 se
distinguent par la prononciation au pluriel de la consonne
finale du radical: /repɔ̃/ singulier, /repɔ̃d/ pluriel.

Les verbes suivants se conjuguent comme **répondre**: **rendre, attendre, rompre** (*to break*), **descendre, perdre** (*to lose*), **défendre, interrompre**. Notez qu'à la troisième personne du singulier, les verbes **rompre** et **interrompre** se terminent par **-t**: il rompt, il interrompt.

Attention: Le verbe **prendre** et ses dérivés n'appartiennent pas à ce groupe:

je prends	nous prenons
tu prends	vous prenez
il prend	ils prennent

Aussi: **apprendre, comprendre, reprendre, entreprendre,** etc.

Les verbes en **-aindre, -eindre, -oindre** forment un groupe spécial conjugué selon le modèle suivant:

je crain**s**	nous crai**gn**ons
tu crain**s**	vous crai**gn**ez
il crain**t**	ils crai**gn**ent

A ce groupe appartiennent: **feindre** (*to pretend*), **joindre, rejoindre, peindre** (*to paint*) et (**se**) **plaindre**.[1]

EXERCICE A. *Mettez au pluriel.*
MODÈLE Je réponds à cette accusation.
Nous répondons à cette accusation.

1. Tu entends cette musique?
2. Il attend quelque chose?
3. Je romps le silence.
4. Elle m'interrompt trop souvent.
5. Tu défends cette opinion?
6. Elle me rend malade.
7. Tu descends dans la rue?
8. J'attends la fortune.

---

[1] **Plaindre:** *to feel sorry for* (Je vous plains.); **se plaindre de**: *to complain* (Il se plaint de tout.)

9. Tu romps tes fiançailles?
10. Je vous plains.
11. Il prend l'autobus.
12. Elle rejoint son mari.
13. Je comprends parfaitement.
14. Tu perds ton sang-froid.
15. Il se plaint de tout.

EXERCICE B.   *Répondez affirmativement aux questions suivantes.*
MODÈLE   Vous prenez l'avion?
    Oui, je prends l'avion.

1. Vous entendez ce qu'on dit?
2. Vous feignez d'y croire?
3. Vous rompez vos fiançailles?
4. Vous reprenez votre travail?
5. Vous partez ce soir?
6. Vous rejoignez vos amis?
7. J'attends ici?
8. Je prends tout ça?
9. Je descends avec vous?
10. Je peins bien?
11. Je vous surprends?
12. Vous craignez la police?
13. Vous lui défendez ce plaisir?
14. Vous vous plaignez?
15. Vous perdez l'appétit?

4.   Les verbes pronominaux

Si le sujet d'un verbe agit sur lui-même, on dit que le verbe
est pronominal:

Il se sacrifie pour elle.   *He sacrifices himself . . .*
Je me rase tous les matins.   *I shave . . .*

Paris — Place de l'Etoile (depuis 1970 Place Général de Gaulle);
au centre, l'Arc de Triomphe

Le pronom réfléchi doit toujours être de la même personne
que le sujet:

je me couche	**nous nous** couchons
tu te couches	**vous vous** couchez
il se couche	**ils se** couchent

même quand le verbe est à l'infinitif:

Je vais **me** coucher.
Tu veux **te** reposer?
Nous avons besoin de **nous** dépêcher.

Voici les formes interrogatives par inversion:

—	nous couchons-nous?
te couches-tu?	vous couchez-vous?
se couche-t-il?	se couchent-ils?

Presque tous les verbes transitifs peuvent devenir pronominaux par l'usage du pronom réfléchi:

Je regarde les étoiles.
Je me regarde dans le miroir.

Il a perdu son argent.
Il s'est perdu dans le labyrinthe.

Certains verbes sont toujours pronominaux: **s'abstenir**
(*to abstain*), **s'écrier** (*to cry out*), **s'emparer de** (*to seize, lay
hold of*), **s'évanouir** (*to faint*), **se moquer de** (*to make fun of, to
mock*), **se repentir** (*to repent*), **se souvenir de** (*to remember*).[1]

Au pluriel, les verbes pronominaux peuvent exprimer une
action réciproque:

Lui et son frère se détestent. (C'est-à-dire: Il déteste son
frère et son frère le déteste.)
Nous nous aimons. (Je vous aime et vous m'aimez.)

Pour éviter l'ambiguïté, on ajoute selon le cas, **l'un l'autre**,
l'un à l'autre, **l'un avec l'autre**, etc.:

Ils se détestent. (Ils se détestent eux-mêmes, ou ils se
détestent réciproquement?)
Ils se détestent l'un l'autre ne peut vouloir dire que:
Ils se détestent réciproquement.

Voici une liste des verbes pronominaux les plus courants:
**s'agir de, s'appeler, s'arrêter, s'asseoir, se coucher, se
dépêcher, se détendre** (*to relax*), **s'ennuyer, s'entendre
(avec quelqu'un)** (*to get along with someone*), **s'habiller,
s'intéresser, se laver, se marier (avec), se moquer (de),
se promener, se rappeler, se raser** (*to shave*), **se reposer**

---

[1] Dans cette liste figurent les prépositions qu'on emploie devant un
nom complément: Il se souvient **de** Marie, etc.

(to rest), **se réveiller, se sentir** *(to feel)*, **se souvenir (de), se tromper, se trouver.**

EXERCICE A. *Répondez affirmativement.*
MODÈLE Vous vous dépêchez?
    Oui, je me dépêche.

1. Vous vous couchez à minuit?
2. Vous vous amusez le samedi soir?
3. Vous vous moquez de moi?
4. Est-ce que je me trompe?
5. Est-ce que je me moque de vous?
6. Nous nous connaissons?
7. Nous nous comprenons bien?
8. Vos amis s'installent chez vous?
9. Votre sœur s'appelle Monique?
10. Les agents de police s'arrêtent devant chez vous?
11. Allez-vous vous habiller?
12. Allez-vous vous lever?
13. Je vais me coucher?
14. Ils vont se promener?

EXERCICE B. *Répétez l'exercice précédent, mais en répondant négativement.*
MODÈLE Vous vous dépêchez?
    Non, je ne me dépêche pas.

EXERCICE C. *Mettez les verbes des phrases suivantes à la forme pronominale.*
MODÈLE Il trompe ses amis.
    Il se trompe.

1. Elle habille ses enfants.
2. Il ne connaît pas la philosophie.
3. Georges va promener son chien.
4. Vous ennuyez tout le monde.
5. Le juge lève la tête.
6. Je vais arrêter ce passant.
7. Nous n'aimons pas la vie.

5.   Le passé composé

Dans la langue parlée, pour exprimer une action terminée dans le passé, on emploie le plus souvent le présent de l'auxiliaire **être** ou **avoir** suivi d'un participe passé. Tous les verbes transitifs et la plupart des verbes intransitifs se conjuguent avec **avoir**:

> Nous **avons vu** cette comédie.
> Ils **ont marché** toute la journée.
> J'**ai passé** la soirée avec des amis.
> **Avez**-vous **été** content de la revoir?

Note: La distinction qu'on fait automatiquement en anglais entre le *present perfect* et le *past tense* n'existe pas en français. Les deux notions s'expriment par le passé composé:[1]

> J'ai tout vu. $\begin{cases} \textit{I've seen everything.} \\ \textit{I saw everything.} \end{cases}$

> Je n'y ai pas pensé. $\begin{cases} \textit{I haven't thought about it.} \\ \textit{I didn't think about it.} \end{cases}$

Les participes passés des verbes en **-er** se terminent par **-é**, ceux des verbes en **-ir** par **-i**, et ceux des verbes en **-re** par **-u**:[2]

---

[1] Il existe en français un passé simple (voir paragraphe 17), mais il s'emploie surtout dans la langue écrite. Ainsi on écrit:

> Il naquit en 1622, il eut une jeunesse dissipée, puis il devint un grammairien célèbre.

Mais on dit:

> Il est né en 1622, il a eu une jeunesse dissipée, puis il est devenu un grammairien célèbre.

[2] Pour les participes passés des verbes irréguliers, voir paragraphe 87.

Nous lui avons **parlé**, puis nous avons **fini** de mettre les choses en ordre, enfin nous avons **répondu** aux lettres.

Pour formuler une question au passé composé, on place le pronom sujet après le verbe auxiliaire:

Avez-vous travaillé ce matin?
Ont-elles choisi un parfum?

Si le sujet est un nom, on ajoute un pronom de la troisième personne après le verbe auxiliaire:

Yvette vous a-t-**elle** téléphoné hier soir?
Les Dupont ont-**ils** répondu à vos demandes?

En général, l'inversion ne se fait pas à la première personne du singulier. De préférence à **Vous ai-je vu à l'Opéra hier soir?**, on dira: **Est-ce que je vous ai vu à l'Opéra hier soir?**

EXERCICE A. *Mettez les verbes au passé composé.*
MODÈLE   Il finit sa carrière.
          Il a fini sa carrière.

1. Nous décidons de partir. 2. Je cherche la vérité.
3. Vous parlez toujours de votre mère. 4. Ils étudient assidûment. 5. Il choisit ses termes avec soin. 6. Elles entendent venir une voiture. 7. Tu achètes trop de vêtements. 8. Nous répondons énergiquement. 9. Vous réagissez trop vivement. 10. Je répète tout ce que j'entends.

EXERCICE B. *Mettez à la forme interrogative.*
MODÈLE   Vous lui avez parlé.
          Lui avez-vous parlé?

1. Vous l'avez acheté.
2. Il y a répondu.
3. Vous avez quitté cette ville.
4. Nous avons attendu assez longtemps.
5. On a réagi immédiatement.

6. Tu as cherché une solution.
7. Ils les ont regardé passer.
8. Elle vous a expliqué la théorie.
9. Je leur ai donné des idées.
10. On a démoli tous les immeubles.

EXERCICE C.   *Répondez affirmativement aux questions suivantes.*

1. Avez-vous rougi?
2. Ont-ils résisté à la tentation?
3. Avons-nous bien utilisé notre argent?
4. Avez-vous établi une base solide?
5. A-t-elle répondu aux objections?
6. Ont-ils payé leurs dettes?
7. A-t-on apporté le vin?
8. Ont-elles attendu longtemps?
9. Avez-vous dérangé le directeur?
10. As-tu sali ce plancher?
11. Est-ce que j'ai suffisamment éclairci le problème?
12. Avez-vous vraiment entendu dire cela?

6. Le passé composé employé négativement

Ne se place devant le verbe auxiliaire; **pas, plus, rien** et **jamais** se placent après:

Nous **n**'avons **pas** oublié le rendez-vous.
Tu **n**'as **jamais** fini cette composition?
Vous **ne** leur avez **rien** offert?
Il **n**'a **plus rien** dit.

Personne, ni...ni et **que** se placent après le participe passé:[1]

Nous **n**'avons dérangé **personne**.
Je **ne** vous ai promis **ni** l'amour **ni** la fidélité.
Nous **n**'avons vu **qu**'un abîme profond.

---

[1] **Que** se place devant le nom ou pronom qu'il qualifie. Voir paragraphe 19.

EXERCICE A.   *Mettez les phrases suivantes au passé composé.*
MODÈLE   Je ne vous aime pas.
        Je ne vous ai pas aimé.

1. Vous ne trouvez rien.
2. Nous ne cherchons plus.
3. Il ne dit jamais rien.
4. Tu ne regardes personne.
5. Je n'achète pas ces photos.
6. Vous ne rougissez jamais de rien.
7. Nous ne vendons ni la voiture ni la maison.
8. Je ne considère dans cette affaire que mes intérêts personnels.
9. Il ne me répond jamais.
10. Tu ne profites pas de ta chance.

7. Les verbes conjugués avec *être*

Deux groupes de verbes se conjuguent avec l'auxiliaire **être**. D'abord, les verbes suivants qui indiquent le plus souvent un mouvement vers un but ou un changement d'état:

infinitif	participe passé
aller	allé
venir	venu
revenir	
parvenir	
devenir	
entrer	entré
rentrer	
sortir	sorti
ressortir	
arriver	arrivé
partir	parti
repartir	
monter	monté
remonter	

infinitif	participe passé
descendre	descendu
rester	resté
naître	né
mourir	mort
tomber	tombé
retomber	
retourner	retourné

Je suis arrivé trop tard.
Tu es entré mal à propos.
Elle est tombée par terre.
Nous sommes restés longtemps.
Elles sont mortes.
Vous êtes parti à midi?

Remarquez que le participe passé s'accorde ici avec le sujet.

Certains de ces verbes peuvent s'employer avec un complément d'objet direct. Dans ce cas ils se conjuguent avec l'auxiliaire **avoir** et le participe passé ne s'accorde plus avec le sujet. Comparez:

Elle est descendue dans la rue.　　*She went down into the street.*
　　mais:
Elle a descendu les bagages.　　*She took down the baggage.*

Nous sommes sortis.　　*We went out.*
　　mais:
Nous avons sorti les photos.　　*We took out the photographs.*

Je suis retourné au Japon en 1968.　　*I went back to Japan in 1968.*
　　mais:
J'ai retourné la carte.　　*I turned the card over.*

Elle est montée chez moi.　　*She came up to my place.*
　　mais:
Elles ont monté une pièce.　　*They put on a play.*

A ce groupe appartiennent **descendre**, **monter**, **remonter**, **rentrer**, **retourner** et **sortir**.

Paris — Rue de Rivoli, la nuit

EXERCICE A. *Répondez affirmativement.*

1. Etes-vous allé là-bas?
2. Avez-vous oublié ce passage?
3. Sommes-nous partis le dix-huit?
4. Etes-vous resté longtemps à Londres?
5. Est-ce que j'ai bien compris?
6. Est-ce que je suis arrivé trop tard?
7. Est-elle morte d'une crise cardiaque?
8. Etes-vous monté chez elle?
9. Avez-vous monté tous les bagages?

EXERCICE B. *Mettez au passé composé.*

1. Je vais dans un territoire inconnu.
2. Elle tombe dans un état dépressif.
3. Ils arrivent en retard.
4. Nous venons vous parler.

5. Je deviens vieux et prudent.
6. Elle naît dans le ruisseau.
7. Tu descends de bicyclette.
8. Tu descends la bicyclette.
9. Vous regardez la télévision.
10. Je sors avec vous vendredi soir.
11. Je sors ce livre de la bibliothèque.
12. Elle meurt de fatigue.
13. Tu montes l'escalier?
14. Il retourne la carte pour l'examiner.
15. Il retourne dans son bureau à huit heures.

EXERCICE C. *Racontez ce qui vous est arrivé et ce que vous avez fait la semaine dernière. Dites où vous êtes allé(e), ce que vous avez mangé ou acheté, quels films vous avez vus, avec quels amis vous êtes sorti(e), chez qui vous avez été invité(e), etc.*

8. Le passé composé des verbes pronominaux

Les verbes pronominaux se conjuguent aux temps composés avec l'auxiliaire **être**:

je me suis couché(e)	nous nous sommes couchés(es)
tu t'es couché(e)	vous vous êtes couché(e)(s)
il s'est couché	ils se sont couchés
elle s'est couchée	elles se sont couchées

Attention: Le participe passé des verbes pronominaux ne s'accorde pas avec le sujet, mais avec complément d'objet direct s'il précède:

Elles **se** sont dépêch**ées**.

Le pronom réfléchi est complément direct et il précède.
    Par contre, si le pronom réfléchi est indirect, le participe

passé ne s'accorde pas avec lui. C'est toujours le cas lorsqu'il s'agit d'une partie du corps:

> Elle s'est blessé la jambe.
> Ils se sont lavé les mains.

(Dans ces deux cas, **se** est indirect et la partie du corps est le complément direct.)

> Elles se sont parlé.

(**Se** est indirect: *They spoke* to *each other*.)

Si le verbe peut être transitif ou pronominal, on emploie **être** ou **avoir** selon le cas:

> Elle a retrouvé son argent.
> Elles se sont retrouvées au café.

> Nous avons promené les chiens.
> Nous nous sommes promenés.

EXERCICE A. *Mettez les verbes au passé composé.*
MODÈLE Il se couche.
> *Il s'est couché.*

1. Il s'amuse avec ses amis.
2. Nous nous justifions de nos actions.
3. Je me trompe de chemin.
4. Vous vous levez à six heures.
5. La conversation s'engage.
6. Ils se disputent cette terre.
7. Elle s'étonne de vous voir ici.
8. Nous nous regardons.
9. Tu te maries avec elle?

EXERCICE B. *Mettez au passé composé en employant* **être** *ou* **avoir** *selon le cas.*

MODÈLE   Il regarde les tableaux.
          Il a regardé les tableaux.

          Il se regarde dans la glace.
          Il s'est regardé dans la glace.

  1. Vous perdez votre sang-froid.
  2. Vous vous perdez dans vos pensées.
  3. Il trouve son ennemi.
  4. Il se trouve devant son ennemi.
  5. Nous arrêtons les bandits.
  6. Nous nous arrêtons devant le magasin.
  7. Tu ennuies tout le monde.
  8. Tu t'ennuies à mourir.
  9. Je déteste mes frères.
 10. Je me déteste.

EXERCICE C. *Mettez au passé composé en faisant particulièrement attention à l'accord du participe passé.*

  1. Elle se brosse les cheveux.
  2. Votre sœur se lave les cheveux.
  3. Ils se demandent ce qui se passe.
  4. Elles se voient souvent.
  5. Nous nous parlons ouvertement.
  7. Elles se disent des mensonges.
  8. Voilà la terre qu'ils se disputent.
  9. Nous nous rappelons cet événement.
 10. Vous vous repentez de vos fautes?
 11. Elle se lève de bonne heure.
 12. Ils s'installent dans un appartement près d'ici.

EXERCICE D. *Racontez à la classe à quelle heure vous vous êtes couché(e) et levé(e). Racontez les détails de votre toilette en employant les verbes* **se laver, se brosser les cheveux** (**les dents**), **s'habiller,** (**se raser**), *etc.*

9. L'imparfait

L'imparfait sert essentiellement à décrire les circonstances qui accompagnent une action dans le passé:

> Au moment de l'accident, il pleuvait; je me trouvais dans le café du coin où je prenais tranquillement l'apéritif.

Il s'emploie aussi pour exprimer une action habituelle ou répétée indéfiniment dans le passé:

> Cette année-là, je me levais chaque matin très tôt, je faisais une longue promenade, puis je me mettais au travail.

Des verbes comme **savoir**, **penser**, **être**, **avoir**, **vouloir**, **espérer**, etc., qui se rapportent à des états plutôt qu'à des faits, se mettent le plus souvent à l'imparfait quand ils s'emploient au passé:

> Je savais que vous aviez peur. *I knew that you were afraid.*

En général, l'imparfait représente une action qui se déroulait et qui n'était pas encore terminée au moment où une autre action a eu lieu:

> Il se promen**ait** quand je l'ai rencontré. *He was taking a walk when I met him.*

Il représente encore dans le passé, soit une action habituelle:

> Il bégay**ait** chaque fois qu'il devait parler. *He used to stutter (ou, he stuttered) every time he had to speak.*

Soit un état de durée indéfinie:

> Il **avait** le plus grand estime pour ses professeurs. *He had the highest esteem for his teachers.*

Formation: On ajoute les terminaisons **-ais, -ais, -ait,
-ions, -iez, -aient** au radical de la première personne du
pluriel de l'indicatif présent:

parl**er**	fin**ir**	dorm**ir**
nous **parl**-ons	nous **finiss**-ons	nous **dorm**-ons
je parl**ais**	je finiss**ais**	je dorm**ais**
tu parl**ais**	tu finiss**ais**	tu dorm**ais**
il parl**ait**	il finiss**ait**	il dorm**ait**
nous parl**ions**	nous finiss**ions**	nous dorm**ions**
vous parl**iez**	vous finiss**iez**	vous dorm**iez**
ils parl**aient**	ils finiss**aient**	ils dorm**aient**

La seule exception est le verbe **être**:

j'étais	nous étions
tu étais	vous étiez
il était	ils étaient

EXERCICE A.   *Mettez les phrases suivantes à l'imparfait.*
MODÈLE   Il a une belle femme.
Il avait une belle femme.

1. Il aime ses parents. 2. Je crois en Dieu. 3. Votre
femme est très jolie. 4. Vous avez l'air fatigué. 5. Il
me déteste. 6. Nous pensons à vous. 7. Elle choisit ses
mots. 8. Tu as l'intention de partir. 9. Je sais que tu
n'as pas confiance en moi. 10. Nous attendons la fin.

EXERCICE B.   *Répondez affirmativement aux questions suivantes.*

1. Quand vous étiez jeune, aviez-vous peur de l'obscurité?
2. Alliez-vous à l'église?
3. Dormiez-vous bien?
4. Aimiez-vous votre père?
5. Trouviez-vous votre mère très jolie?

Continuez mais en répondant négativement.

    6. A l'âge de douze ans, aimiez-vous les jeunes filles?
    7. Respectiez-vous vos professeurs?
    8. Faisiez-vous souvent des promenades solitaires?
    9. Parliez-vous souvent avec votre père?
  10. Buviez-vous de l'alcool?

Continuez mais en répondant affirmativement.

  11. Quand vous aviez seize ans, aimiez-vous les jeunes filles?
  12. Lisiez-vous les poèmes d'Edgar Poe?
  13. Sortiez-vous souvent le soir?
  14. Etiez-vous déjà dégoûté de l'existence?

EXERCICE C. *Répondez par une phrase complète.*

    1. Quand vous étiez petit, parliez-vous français?
    2. Vouliez-vous devenir pompier?
    3. Pouviez-vous dominer vos passions?
    4. De quoi aviez-vous peur?
    5. Qu'est-ce que vous aimiez comme musique?
    6. A quels jeux jouiez-vous?
    7. Qui étaient vos meilleurs amis?
    8. Que pensiez-vous de vos parents?
    9. Que faisiez-vous quand il pleuvait?
  10. Alliez-vous souvent au cinéma?

EXERCICE D. *Traduisez en français.*

    1. They were waiting.
    2. We used to write letters.
    3. I was hoping to see you.
    4. Did you know she was going to leave?
    5. We were very tired.
    6. They were choosing neckties.
    7. I thought that you were hungry.

10. L'imparfait et le passé composé: distinctions d'emploi

Le passé composé exprime un fait ou une série de faits complètement achevés dans le passé:

> Il s'est levé, il a mis son pardessus, et il est sorti.
> Il est allé au marché aux puces où il a acheté une vieille lampe.

Le passé composé peut exprimer aussi un changement d'état:

> En me voyant, il a eu peur.
> Après mon explication, il a été rassuré.

L'imparfait, au contraire, décrit le décor de l'action; il ne peut pas s'employer pour raconter une série d'actions. Ce qui se passe à l'imparfait n'a, si l'on peut dire, ni commencement ni fin. Comparez:

> Il s'est levé, mais il ne se sentait pas bien. Il a mis son pardessus parce qu'il faisait froid dehors. Il est sorti sans chapeau: il n'en portait jamais. Il est allé au marché aux puces où il y avait peu de monde. Il a acheté une vieille lampe qui brillait étrangement.

L'imparfait décrit un état d'une durée indéfinie:

> Il était satisfait; il n'avait envie de rien; il se croyait le plus heureux des hommes.

Le passé composé et l'imparfait s'emploient souvent dans une même phrase pour exprimer une action qui n'était pas encore terminée quand une autre action a eu lieu:

> Elle dormait quand je suis entré.
> Je pensais aux événements de la matinée lorsque le bruit d'un accident s'est fait entendre.

L'imparfait s'emploie pour exprimer une action répétée ou habituelle, tandis que le passé composé exprime une action unique. Comparez :

Nous mangions bien.   *We used to eat well.*
Vendredi, nous avons bien mangé.   *On Friday, we ate well.*

Note comparative :

1. Si en anglais on emploie *was/were* suivi de la forme du verbe terminée en *-ing*, on emploie l'imparfait en français :

    Nous dansions.   *We were dancing.*
    Elle souffrait.   *She was suffering.*

2. Si en anglais on emploie *used to* avant le verbe, on emploie l'imparfait en français :

    Nous y allions le soir.   *We used to go there at night.*
    Nous chantions des chansons tristes.   *We used to sing sad songs.*

3. Mais si en anglais on emploie *has/have* suivi du participe passé d'un verbe, il faut en français le passé composé :

    Ils ont été très méchants pour moi.   *They have been very unkind to me.*
    Tout a changé depuis lors.   *Everything has changed since then.*

4. Si en anglais le verbe est employé au temps simple (*simple past*) et s'il s'agit d'une action ou d'un fait, on emploie le passé composé en français :

    Il a ouvert la porte.   *He opened the door.*

Mais s'il ne s'agit pas d'une action ou d'un fait, on emploie l'imparfait en français:

> Vous saviez que j'étais innocent. *You knew I was innocent.*
> Je pensais qu'elle savait tout. *I thought she knew everything.*

Faites particulièrement attention aux verbes comme **être**, **avoir**, **penser**, **savoir**, **croire**, **sembler**, **vouloir**, **pouvoir**, **paraître** et **espérer**, qui représentent le plus souvent un état et qui s'emploient à l'imparfait. Toutefois, s'il s'agit d'un **changement d'état**, on emploie ces verbes au passé composé. Avec le verbe **pouvoir**, le passé composé indique que l'action du verbe qu'il régit a été réalisée. Comparez:

> Il pouvait résoudre la difficulté. *He was able to resolve the difficulty (but there is no indication that he did).*
> Il a pu résoudre la difficulté. *He was able to resolve the difficulty (and he did so).*

Le verbe **savoir** employé au passé composé a le sens d'**apprendre** ou de **découvrir**:

> Au cours de l'enquête, j'ai su qu'il avait menti. *In the course of the inquiry, I found out that he had lied.*

EXERCICE. *Mettez tous les verbes du passage suivant au passé en choisissant le passé composé ou l'imparfait selon le cas.*

Ce matin Louise reste chez moi et nous décidons de prendre le petit déjeuner ensemble. Je m'habille et je descends acheter des œufs, parce qu'il n'y en a plus à la maison. En sortant, j'entends une voix de femme dans l'appartement voisin. J'ai l'impression que cette femme est en colère, mais je me dis qu'après tout cela ne me regarde pas. Alors je descends, j'achète mes œufs et un peu de beurre, puis je remonte. Cette fois, en passant devant la porte de mon voisin, j'entends quelqu'un gémir. Je n'en dit rien à Louise, car je ne veux pas l'inquiéter. Plus tard, elle me demande si je l'aime. Je lui réponds que je ne sais pas ce que cela veut dire, et elle a l'air triste. Puis elle se met à préparer le petit déjeuner que je trouve excellent. Je sors une cigarette que je fume en prenant mon café au lait, et je fais des ronds avec la fumée, tandis qu'elle me regarde silencieusement. Mais j'ai envie de sortir. Je mets mon chapeau et je sors. Il fait beau mais je me sens mal à l'aise.

11. Le futur

On forme le futur de la plupart des verbes en ajoutant à l'infinitif les terminaisons **-ai, -as, -a, -ons, -ez, -ont**. Si l'infinitif se termine par **-e**, on laisse tomber le **e** dans l'orthographe:

parler	**finir**	**rendre**
je parler**ai**	je finir**ai**	je rendr**ai**
tu parler**as**	tu finir**as**	tu rendr**as**
il parler**a**	il finir**a**	il rendr**a**
nous parler**ons**	nous finir**ons**	nous rendr**ons**
vous parler**ez**	vous finir**ez**	vous rendr**ez**
ils parler**ont**	ils finir**ont**	ils rendr**ont**

Au futur, le **e** de l'avant-dernière syllabe des verbes en **-er** se prononce s'il est entouré de trois consonnes:

parlerai   /parlǝre/

S'il est placé entre deux consonnes, il ne se prononce pas:

visiterai   /vizitre/

Dans les verbes en **-ier** le **e** ne se prononce pas au futur:

oublierez   /ublire/
étudiera   /etydira/

Paris — ville de contrastes

EXERCICE A.   *Mettez les verbes des phrases suivantes au futur.*

1. Nous demandons une explication.
2. Il rougit en voyant cela.
3. Vous rectifiez la situation.
4. Ils entendent un bruit.
5. Je fais bâtir une nouvelle usine.
6. Vous ne réussissez pas.
7. Ils abandonnent leur projet.
8. Je lui défends de sortir.
9. Tu ne parles plus de cet incident.
10. On démolit le quartier.
11. Je romps encore une fois avec elle.
12. Nous répondons à la demande.
13. Ils arrivent demain.
14. Elles réfléchissent à l'événement.
15. Tu ne perds pas ton sang-froid.
16. Elle n'oublie pas les accords.
17. Nous salissons la planète.

18. Tu apprécies ma situation.
19. Cela vous rend malade.

EXERCICE B. *Répondez négativement au futur.*
MODÈLE Donnez-moi de l'espoir.
Non, je ne vous donnerai pas d'espoir.

1. Donnez-moi des bijoux.
2. Pardonnez-lui cette faute.
3. Parlez-en à votre psychanalyste.
4. Répondez-moi.
5. Renoncez à cette folie.
6. Attendez-moi ici.
7. Pensez à ce que vous faites.
8. Démolissez leur système.
9. Taisez-vous.
10. Etudiez les bons auteurs.
11. Vendez tous ces livres.
12. Prenez cette décision.
13. Oubliez ce que je viens de vous dire.
14. Rétablissez l'équilibre.

EXERCICE C. *Dites ce que vous ferez après que vous aurez fini vos études.*

12. Les futurs irréguliers

Dans certains verbes le radical du futur a une forme irrégulière qui se termine par **-r**, signe caractéristique du futur et du conditionnel. Il suffit d'ajouter à ce radical les terminaisons signalées plus haut. Voici la liste de ces verbes:

infinitif	radical du futur
aller	ir-
asseoir	assiér-
	assoir-
savoir	saur-
avoir	aur-

infinitif	radical du futur
courir	courr-
mourir	mourr-
pouvoir	pourr-
devoir	devr-
pleuvoir	pleuvr-
recevoir	recevr-
envoyer	enverr-
voir	verr-
être	ser-
faire	fer-
falloir	faudr-
valoir	vaudr-
vouloir	voudr-
tenir	tiendr-
venir	viendr-

Naturellement, les verbes dérivés suivent la même formule:

Cette maison m'appartiendra un jour.
Je me souviendrai toujours de cette nuit.

EXERCICE.   *Mettez les verbes des phrases suivantes au futur.*
MODÈLE   Je sais tout.
Je saurai tout.

1. Nous n'allons plus au bois.   2. Cela vous fait plaisir.
3. Il meurt de honte.   4. Je tiens mes promesses.
5. Vous faites comme vous voulez.   6. Vous vous
asseyez près de moi.   7. Rien ne vous retient.   8. Cela
ne vaut pas la peine.   9. Il faut répondre.   10. Tu
reçois une invitation.   11. Je deviens célèbre.   12. Vous
préférez cette gravure.   13. Nous revenons plus tard.
14. Tu m'envoies la lettre.   15. Quand est-ce que je
vous revois?   16. Il doit m'en parler.   17. Vous n'avez
pas besoin de repos.   18. On fait la chasse aux sorcières.
19. Il m'en veut à mort. 20. Nous ne sommes pas dupes.

13. L'emploi du futur après *quand, lorsque, dès que, aussitôt que*

A la différence de l'anglais, on emploie le futur dans une proposition introduite par **quand**, **lorsque**, **dès que** ou **aussitôt que**, si la proposition principale est au futur. Comparez:

Tu comprendras quand tu seras grand.   . . . *when you* are *grown up.*
Je lui parlerai quand je le verrai.   . . . *when I* see *him.*

Le futur s'emploie aussi dans la proposition subordonnée quand le verbe principale est à l'impératif:

Revenez quand vous pourrez.   . . . *when you* are *able.*
Donnez-lui cette carte aussitôt qu'il arrivera.   . . . *as soon as he* arrives.

EXERCICE. *Transformez les phrases suivantes en suivant le modèle.*
MODÈLE   Elle partira si j'arrive.
       Elle partira quand j'arriverai.

1. Je sourirai si je me rappelle ce moment.
2. Il pâlira si vous lui montrez cette lettre.
3. Elle comprendra si son père le lui explique.
4. On reprendra la conversation si je reviens ce soir.
5. Je serai fâché si on détourne l'avion vers Cuba.
6. Il faudra lui parler si elle revient.
7. J'aurai peur s'il vient me chercher.
8. Je ferai de la résistance si le pays est envahi.
9. Je vous donnerai cet argent si vous en avez vraiment besoin.

14. Le conditionnel

On forme le conditionnel en ajoutant les terminaisons de
l'imparfait au radical du futur:

parler	**finir**	**rendre**
je parler**ais**	je finir**ais**	je rendr**ais**
tu parler**ais**	tu finir**ais**	tu rendr**ais**
il parler**ait**	il finir**ait**	il rendr**ait**
nous parler**ions**	nous finir**ions**	nous rendr**ions**
vous parler**iez**	vous finir**iez**	vous rendr**iez**
ils parler**aient**	ils finir**aient**	ils rendr**aient**

Les verbes qui sont irréguliers au futur ont les mêmes
irrégularités au conditionnel:

aller **ir-**	être **ser-**	avoir **aur-**
j'irais	je serais	j'aurais
tu irais	tu serais	tu aurais
il irait	il serait	il aurait
nous irions	nous serions	nous aurions
vous iriez	vous seriez	vous auriez
ils iraient	ils seraient	ils aurient

On emploie le conditionnel:

1. pour remplacer un futur dans le discours indirect
   quand le verbe principal est au passé. Comparez:

    Il dit qu'il viendra. *He says he will come.*
    Il a dit qu'il viendr**ait**. *He said he would come.*

2. dans une phrase conditionnelle pour exprimer la
   conséquence d'un fait supposé, d'une **condition**:

    Si j'**étais** riche, je vous **achèterais** un château.
    If I were rich, I would buy . . .
    Si vous lui **parliez**, elle **comprendrait**. *If you*
    spoke *to her, she* would *understand.*

Remarquez la structure de ce genre de phrase:

Si + verbe (imparfait), verbe (conditionnel)

3. pour atténuer ou adoucir une demande ou une affirmation:

Je **voudrais** savoir votre avis.
Pourriez-vous me prêter cinq francs?
Auriez-vous la bonté de me dire où je suis?

4. après l'expression **au cas où**:

Je serai ici au cas où vous auriez besoin de moi. . . .
in case you need me.

EXERCICE A.   *Transformez les phrases suivantes selon le modèle.*
MODÈLE   Il dit que tout changera.
Il a dit que tout changerait.

1. Il promet que cela n'arrivera jamais.
2. Il dit que personne ne viendra.
3. Nous promettons que vous aurez votre récompense.
4. Les médecins disent que je mourrai bientôt.
5. J'affirme que tout le monde saura la vérité.
6. Tu dis que nous ne finirons jamais.
7. Il promet qu'il se lèvera de bonne heure.
8. On affirme que la chose sera faite.
9. Je dis que je résisterai jusqu'au bout.
10. Nous affirmons que la situation se stabilisera.

EXERCICE B.   *Répondez affirmativement en suivant le modèle.*
MODÈLE   Visitez le musée.
Je visiterais le musée, si j'avais le temps.

1. Faites votre travail.   2. Ramassez cet argent.
3. Finissez votre thèse.   4. Lavez-vous la figure.
5. Essayez de comprendre.   6. Expliquez la théorie
d'Einstein.

EXERCICE C.   *Répondez affirmativement en suivant le modèle.*
MODÈLE   Achetez-moi un yacht.
          Je vous achèterais un yacht si j'étais riche.

1. Achetez-moi cette voiture de sport.
2. Achetez-moi ce manteau de vison.
3. Voyagez en première classe.
4. Quittez votre situation actuelle.
5. Prenez un taxi.
6. Pensez aux autres.
7. Faites-vous psychanalyser.
8. Donnez-moi un peu de pain.

EXERCICE D.   *Dites ce que vous feriez si vous étiez puissant(e),
invisible ou immortel(le).*

15.   Le plus-que-parfait

On forme le plus-que-parfait avec l'imparfait de l'auxiliaire **être**
ou **avoir** suivi du participe passé du verbe:

J'avais vécu.   *I had lived.*
J'etais tombé.   *I had fallen.*
Je m'etais relevé.   *I had gotten up again.*

On emploie le plus-que-parfait:

1. en parlant d'un fait qui avait déjà eu lieu au moment
   où se réalise un autre fait dans le passé:

   Quand tu m'as téléphoné, j'**étais** déjà parti.
   When you called, I had already left.

2. dans une proposition subordonnée dépendant d'un
   verbe au passé:

   Il a juré qu'il n'**avait** jamais **menti**.   *He swore that
   he had never lied.*

3. dans une phrase conditionnelle pour représenter un fait supposé, le verbe de la proposition principale étant au conditionnel passé :

> Si vous **étiez arrivé** plus tôt, vous auriez vu Marcel.
> *If you had arrived earlier, you would have seen Marcel.*

EXERCICE A. *Mettez au plus-que-parfait en suivant le modèle.*
MODÈLE   Je suis allé aux Halles.
J'étais déjà allé aux Halles.

1. Il a entendu parler de vous.
2. Vous avez fini ce travail.
3. Tu as regardé la télévision.
4. Il a excité ma gourmandise.
5. Nous nous sommes enfermés chez nous.
6. Vous avez supprimé votre rival.

EXERCICE B. *Transformez les phrases suivantes en mettant le verbe principal au passé.*
MODÈLE   Il dit qu'il n'a rien vu.
Il a dit qu'il n'avait rien vu.

1. Il dit que vous avez été méchant.
2. Il dit que nous avons eu tort.
3. Il dit que tu n'es pas sorti ce jour-là.
4. Il dit qu'elles n'y sont jamais allées.
5. Il dit que je n'ai pas fait de mon mieux.
6. Il dit que vous avez trop parlé.

16. Le conditionnel passé

On forme le conditionnel passé avec le conditionnel présent de l'auxiliaire **être** ou **avoir** et le participe passé du verbe :

> J'**aurais été** content de vous aider.   *I would have been glad . . .*

Je sais que vous **auriez compris**. . . . *that you would have understood . . .*

Nous y **serions allés** volontiers. *We would gladly have gone there.*

Le conditionnel passé s'emploie surtout dans la proposition principale d'une phrase dont la subordonnée, introduite par **si**, contient un verbe au plus-que-parfait:

Si nous avions été là, nous **aurions protesté**. *If we had been there we* would have protested.

S'il s'était dépêché, il **serait arrivé** à temps. *If he had hurried, he* would have arrived *in time*.

Remarquez aussi la construction **j'aurais voulu** suivi de l'infinitif:

J'aurais voulu faire sa connaissance. *I* would have liked *to meet her*.

EXERCICE A. *Mettez les verbes des phrases suivantes au plus-que-parfait et au conditionnel passé.*

MODÈLE   Si j'avais le temps, je visiterais le musée.
           Si j'avais eu le temps, j'aurais visité le musée.

1. S'il venait me voir, je lui parlerais.
2. Si le tableau me plaisait, je l'achèterais.
3. Si vous finissiez votre travail, vous pourriez vous reposer.
4. Si je dépensais cet argent, mon père serait mécontent.
5. Si tu savais la vérité, tu serais étonné.
6. Si vous partiez tout de suite, vous pourriez arriver à temps.
7. Si Dieu n'existait pas, il faudrait l'inventer.
8. Si j'étais moins occupé, je vous tiendrais compagnie.
9. Si je me faisais psychanalyser, mes problèmes disparaîtraient.

EXERCICE B. *Répondez en employant le conditionnel passé.*

MODÈLE·   Vous n'avez pas fait ce travail?
           J'aurais fait ce travail, si j'avais eu le temps.

1. Vous n'avez pas lu ce roman?
2. Vous n'avez pas préparé la leçon?
3. Vous n'avez pas écrit la lettre?
4. Vous ne vous êtes pas brossé les dents?
5. Vous n'êtes pas allé en France?
6. Vous n'êtes pas sorti hier soir?
7. Vous n'avez rien mangé?

17. Le passé simple

Le passé simple est un temps littéraire qui exprime des actions révolues dans le passé. Il ne s'emploie guère dans la langue parlée où l'on emploie de préférence le passé composé. Même dans la langue écrite, on évite les formes 4 et 5 qui de nos jours semblent un peu archaïques.

Puisque le passé simple s'emploie généralement dans la langue écrite pour la narration des événements, il faut savoir le reconnaître pour la lecture.

Voici les formes du passé simple des verbes réguliers:

	parl**er**	fin**ir**	attend**re**
1	je parl**ai**	je fin**is**	j'attend**is**
2	tu parl**as**	tu fin**is**	tu attend**is**
3	il parl**a**	il fin**it**	il attend**it**
4	nous parl**âmes**	nous fin**îmes**	nous attend**îmes**
5	vous parl**âtes**	vous fin**îtes**	vous attend**îtes**
6	ils parl**èrent**	ils fin**irent**	ils attend**irent**

Le passé simple des verbes irréguliers se forme, en général, à partir du participe passé:

vivre **vécu-**	lire **lu-**	prendre **pris-**
je vécus	je lus	je pris
tu vécus	tu lus	tu pris
il vécut	il lut	il prit
nous vécûmes	nous lûmes	nous prîmes
vous vécûtes	vous lûtes	vous prîtes
ils vécurent	ils lurent	ils prirent

Etre, faire, venir et **tenir** sont très irréguliers:

être	faire	venir	tenir
je fus	je fis	je vins	je tins
tu fus	tu fis	tu vins	tu tins
il fut	il fit	il vint	il tint
nous fûmes	nous fîmes	nous vînmes	nous tînmes
vous fûtes	vous fîtes	vous vîntes	vous tîntes
ils furent	ils firent	ils vinrent	ils tinrent

Note: Le passé simple du verbe auxiliaire suivi du participe passé forme le passé antérieur: il **fut arrivé**, elles **eurent écrit**. Il s'emploie après les conjonctions **quand, lorsque, dès que** et **aussitôt que** pour exprimer l'antériorité immédiate. Il se traduit en anglais par le *pluperfect*:

> Quand il eut fini de dîner, il sortit.   *When he had finished dinner, he went out.*

Aujourd'hui ce temps tombe en désuétude, mais il est important de savoir le reconnaître.

EXERCICE.   *Lisez les phrases suivantes puis, mettez au passé composé tous les verbes qui sont au passé simple.*

1. Il s'arrêta devant le bureau.
2. Elle entra et s'assit sur une chaise.
3. Elle eut peur en me voyant.
4. Ils me virent et me saluèrent.
5. J'ouvris la porte et j'allai droit vers la fenêtre.
6. Il regarda autour de lui mais ne reconnut personne.
7. Nous comprîmes tout de suite.
8. Il ne fit rien.
9. Il se coucha et dormit profondément.
10. Il fut étonné de voir ce qu'ils firent.

18.   La négation I

Aux temps simples, on met **ne** devant le verbe et **pas** après :

> Il **ne** va **pas** bien.
> Ça **n'**existe **pas.**

Aux temps composés on place **pas** entre l'auxiliaire **avoir** ou **être** et le participe passé :

> Je **n'**ai **pas** dit cela.
> Il **n'**est **pas** descendu.

Le mot **ne** se met devant les pronoms compléments d'objet :

> On **ne les leur** a pas donnés.
> **Ne les** avez-vous pas vu ?

Dans la langue écrite, le mot **point** remplace parfois le mot **pas** :

> Armand ne lisait **point.**

Dans la langue écrite et plus rarement dans la langue parlée, le négatif s'exprime par **ne** seul avec les verbes **savoir, pouvoir, cesser** et **oser** :

> Je ne sais où aller.   *I do not know* . . .
> Je n'ose confier mon chagrin à personne.   *I do not dare* . . .
> On ne pouvait voir ce qui se passait.   *You couldn't see* . . .
> Elle ne cesse de se plaindre.   *She doesn't stop* . . .

EXERCICE.   *Mettez au négatif.*
MODÈLE   Il fait chaud.
>   *Il ne fait pas chaud.*

1. Je vous admire beaucoup.   2. Il faut renoncer à votre
grand projet.   3. Vous lui demandez une explication.
4. Nous les lui avons proposés.   5. Tu y es allé.   6. Je
m'en suis aperçu.   7. La situation s'est stabilisée.   8. Lui
en avez-vous expliqué les avantages?   9. Trouvez-vous
cela ennuyeux?   10. A-t-il essayé de comprendre?
11. Vous coucherez-vous avant minuit?   12. Pourquoi
vous êtes-vous dépêché?   13. Y a-t-il une autre
possibilité?

19.   La négation II

ne...jamais	*never, not ever*
ne...guère	*scarcely, hardly*
ne...plus	*no more, no longer*
ne...rien	*nothing, not anything*
ne...personne	*nobody, not anybody*
ne...ni...ni	*neither . . . nor*
ne...que	*only*
ne...aucun[1] ⎫ nul ⎭	*not any, none, not a single one*

La plupart de ces formes peuvent s'employer ensemble
dans une même phrase, mais elles ne peuvent pas s'employer
avec **pas**:

Nous n'avons plus jamais rien dit à personne.

Comme leurs équivalents anglais, **rien** et **personne**
peuvent s'employer comme pronoms sujets:

Personne ne me comprend.
Rien ne bouge.

---

[1] **Aucun** et **nul** sont à la fois adjectifs et pronoms. Ils s'emploient le
plus souvent au singulier: N'y a-t-il aucun espoir? Non, aucun.

Aux temps composés, **rien** se place après le verbe auxiliaire, **personne** après le participe passé:

Nous n'avons rien vu.
Nous n'avons vu personne.

Quand **rien** ou **personne** est complément d'une préposition, il se place après le participe passé:

Il n'avait pensé à rien.
Nous n'avons parlé à personne.

Ne...que n'est pas un véritable négatif comme les autres. Il signifie *not . . . except, nothing but, only.* Voici quelques exemples de l'emploi de **ne...que**:

Cet enfant n'a que trois ans.
Je n'ai vécu dans cette ville que trois ans.

Ni...ni précèdent les mots auxquels ils se rapportent:

Je n'ai vu ni le secrétaire ni le président.

Note: On omet le partitif et l'article indéfini après **ni...ni**:

Il n'a ni frères ni sœurs.

Ni...ni peut se rapporter au sujet:

Ni Albert ni Marie ne voulait venir ce soir.

Remarquez l'expression **ni...non plus**:

Il n'y va pas. **Ni moi non plus.** (ou: Moi non plus.)
Neither do I.
Il ne viendra pas. **Ni elle non plus.** *Neither will she.*

EXERCICE A. *Répondez en employant la négation indiquée entre parenthèses.*

MODÈLE Avez-vous de l'argent? (ne plus)
Non, je n'ai plus d'argent.

1. Ecrirez-vous un roman? (ne jamais)
2. Buvez-vous du vin? (ne que)
3. Avez-vous acheté des livres? (ne jamais)
4. Avez-vous compris? (ne guère)
5. Défendrez-vous votre façon de penser? (ne jamais)
6. Voulez-vous encore des promesses? (ne plus)
7. Y a-t-il de bons emplois? (ne plus guère)
8. Le verrez-vous? (ne jamais plus)

EXERCICE B. *Répondez négativement en employant d'autres négatifs que* **pas.**

1. Y avait-il des indications?
2. Vous avez le temps ou l'inclination?
3. Elle vous donne des conseils?
4. Vous avez trouvé des livres, des documents?
5. On a retrouvé sa trace?
6. Vous y allez encore?
7. Il donne de l'argent aux pauvres?

EXERCICE C. *Mettez les verbes des phrases suivantes au passé composé.*

MODÈLE Je ne vois rien.
Je n'ai rien vu.

1. Nous n'y allons jamais. 2. Je n'attends personne.
3. Je n'ai guère de distractions. 4. Il ne parle que du bon Dieu. 5. Vous ne dansez avec personne. 6. Je ne reproche rien à personne. 7. Il ne reçoit rien. 8. Elle ne boit ni vin ni cognac. 9. Je ne rougis de rien devant personne. 10. Nous n'invitons personne.

20. L'interrogation

Il y a en français trois manières d'exprimer l'interrogation :

1. par intonation, d'abord. La voix monte à la fin de la phrase :

> Le sénateur a été assassiné?   ↗
> Vous n'avez rien vu?   ↗

2. par l'emploi de **est-ce que** au début de la phrase :

> Est-ce que le sénateur a été assassiné?
> Est-ce que vous n'avez rien vu?

Cette construction s'emploie couramment dans la langue parlée, plus rarement dans la langue écrite.

3. par inversion. Si le sujet est un pronom, il se place après le verbe :

> A-t-il été assassiné?
> N'avez-vous rien vu?
> Sommes-nous capables de changer le monde?

Mais si le sujet est un nom, on ajoute le pronom après le verbe :

> Le sénateur a-t-**il** été assassiné?
> Vos parents n'ont-**ils** rien vu?
> Marie est-**elle** capable de changer le monde?

Dans la langue parlée, on ne fait pas l'inversion avec le pronom **je**; on emploie **est-ce que** :

> Est-ce que je pourrais vous poser une question?

Mais dans la langue écrite on trouve fréquemment **suis-je**, **ai-je, dis-je, dois-je, sais-je**.

L'interrogation par inversion s'emploie surtout dans la langue écrite, mais elle s'emploie aussi dans la conversation quand le verbe est employé affirmativement à un temps simple et qu'il a pour sujet un pronom :

> Avez-vous le temps ?
> Savez-vous ce qui se passe ?
> Qu'en pensez-vous ?
> Est-il ici ?

Quand les construction verbales sont plus complexes et qu'elles comportent, par exemple, l'emploi de formes négatives, de temps composés ou de pronoms compléments, l'interrogation par inversion se limite presque exclusivement à la langue écrite :

> Ne nous en sommes-nous pas rendu compte ?
> Ne leur aurait-il pas parlé ?

Certaines questions portent sur un élément particulier de la phrase et commencent par un interrogatif (**pourquoi, qui, quel, combien, où**, etc.). Ces questions se construisent :

1. soit avec **est-ce que** que l'on place après l'interrogatif :

> Où est-ce que vous l'avez vu ?
> Pourquoi est-ce qu'il a été assassiné ?

2. soit par inversion :

> Où l'avez-vous vu ?
> Pourquoi le sénateur a-t-il été assassiné ?

Parfois dans la langue familière on termine la phrase par l'élément interrogatif :

> On fait ça comment ?
> Vous en avez combien ?

Cette construction, qui est familière, s'emploie rarement dans la langue écrite.

Paris — la nouvelle Gare Montparnasse, mise en service en 1969

Cas spécial: Si le verbe est intransitif ou pronominal, employé à un temps simple, on peut faire l'inversion du nom sujet et du verbe:

> Quand arrive le train?
> Où est le cabinet?
> Comment s'appelle votre ami?
> Combien coûtent ces mouchoirs?

Ce genre d'inversion est de beaucoup la plus usitée, même dans la langue parlée. On emploie une inversion analogue dans les questions qui commencent par **que**:

> Que fait votre père?
> Que veut dire ce mot?
> Qu'en pensent vos parents?

Notez qu'en ce cas, le verbe est transitif.

Dans la langue familière on emploie souvent la variante suivante:

Qu'est-ce qu'il fait, votre père?
Qu'est qu'ils en pensent, vos parents?

EXERCICE A.   *Exprimez l'interrogation d'abord par* **est-ce que**,
puis en faisant l'inversion du sujet et du verbe.
MODÈLE   Vous voyez cette photo?
         Est-ce que vous voyez cette photo?
         Voyez-vous cette photo?

1. Il renonce aux valeurs bourgeoises?   2. Vous pouvez
me payer maintenant?   3. Elles punissent les enfants?
4. Tu vas en prison?   5. Vous gagnez beaucoup
d'argent?   6. Nous allons faire des économies?   7. Ils
ont besoin de moi?   8. Il a résisté à cette tentation?
9. Tu as été trop fatigué?   10. Il va se faire psychanalyser?
11. Elle a perdu son équilibre?   12. Nous leur disons
la vérité?   13. Ils nous ont donné cette réponse?
14. Vous les lui donnerez demain?   15. C'est trop loin?
16. Elle ne va pas lui parler?   17. Vous n'avez pas
acheté la voiture?   18. Votre frère ne comprend rien à
cette affaire?   19. La discussion ne va pas avoir lieu
ici?   20. Le petit garçon n'a rien vu?

EXERCICE B.   *Transformez selon le modèle.*
MODÈLE   Ton frère arrive quand?
         Quand arrive ton frère?

1. La cravate bleue coûte combien?
2. Votre camarade s'appelle comment?
3. L'autobus part à quelle heure?
4. Vos amis s'installent où?
5. Vos parents partent quand?
6. Les gens d'ici s'amusent comment?
7. Les papiers se trouvent dans quel tiroir?

EXERCICE C.

MODÈLE   Le journaliste prépare un rapport.
Que prépare le journaliste?

1. Votre mère fait une promenade.   2. Les experts recommandent cette solution.   3. Les hommes cherchent le bonheur.   4. Sa fiancée choisissait une bague.   5. Ton amie prendra du vin blanc.   6. Les bavards disent n'importe quoi.   7. Votre professeur attend une lettre.   8. Le vieux disait son avis.   9. Les enfants regardaient les étoiles.   10. La concierge buvait de la bière.

EXERCICE D.   *Transformez selon le modèle.*

MODÈLE   Louise n'avait pas encore choisi ses meubles. Pourquoi?
Pourquoi Louise n'avait-elle pas encore choisi ses meubles?

1. Albert ne vas pas se marier. Pourquoi?
2. Nos amis ont pris le mauvais chemin. Comment?
3. La fille est arrivée. A quelle heure?
4. Les victimes ont été identifiées. Comment?
5. Les agents ne se sont pas dépêchés. Pourquoi?
6. Le poète est né. En quelle année?
7. Les discussions vont avoir lieu. Où?
8. Les experts vous ont expliqué la situation. Quand?
9. Cette expérience vous a changé. Comment?
10. Le commandant ne savait pas ce qui se passait. Pourquoi?
11. Le directeur s'est fâché. A quel moment?
12. La situation va se stabiliser. Dans quelle mesure?
13. Les chefs n'ont pas pu réduire les dépenses. Pourquoi?
14. Le père s'est trouvé devant un problème insoluble. Combien de fois?

EXERCICE E.   *Refaites les phrases de l'exercice D oralement en employant **est-ce que** au lieu de l'inversion.*

MODÈLE   Louise n'avait pas encore choisi ses meubles. Pourquoi?
Pourquoi est-ce que Louise n'avait pas encore choisi ses meubles?

21. La formation du subjonctif présent

On forme le subjonctif présent des verbes réguliers avec le radical de la troisième personne du pluriel de l'indicatif présent. On ajoute à ce radical les terminaisons suivantes: **-e, -es, -e, -ions, -iez, -ent**:

	parler: ils **parl**ent	finir: ils **finiss**ent
1	que je parl**e**	que je finiss**e**
2	que tu parl**es**	que tu finiss**es**
3	qu'il parl**e**	qu'il finiss**e**
4	que nous parl**ions**	que nous finiss**ions**
5	que vous parl**iez**	que vous finiss**iez**
6	qu'ils parl**ent**	qu'ils finiss**ent**

répond**re**: ils **répond**ent

1	que je répond**e**
2	que tu répond**es**
3	qu'il répond**e**
4	que nous répond**ions**
5	que vous répond**iez**
6	qu'ils répond**ent**

Remarquez que les formes 1, 2, 3 et 6 se prononcent de la même manière: /parl/, /finis/, /repɔ̃d/.

S'il s'agit d'un verbe irrégulier ayant deux radicaux à l'indicatif, les mêmes radicaux se retrouvent au subjonctif:

	boire	venir
	ils boivent	ils viennent
	nous buvons	nous venons

1	que je boive	que je vienne
2	que tu boives	que tu viennes

3   qu'il boive   qu'il vienne
4   que nous buvions   que nous venions
5   que vous buviez   que vous veniez
6   qu'ils boivent   qu'ils viennent

Encore ici les formes 1, 2, 3 et 6 se prononcent de la même manière. Le subjonctif des verbes suivants ne dérive pas du pluriel de la troisième personne de l'indicatif présent:

ÊTRE: que je sois, que tu sois, qu'il soit, que nous soyons, que vous soyez, qu'ils soient

ALLER: que j'aille, que tu ailles, qu'il aille, que nous allions, que vous alliez, qu'ils aillent

AVOIR: que j'aie, que tu aies, qu'il ait, que nous ayons, que vous ayez, qu'ils aient

FAIRE: que je fasse, que tu fasses, qu'il fasse, que nous fassions, que vous fassiez, qu'ils fassent

POUVOIR: que je puisse, que tu puisses, qu'il puisse, que nous puissions, que vous puissiez, qu'ils puissent

SAVOIR: que je sache, que tu saches, qu'il sache, que nous sachions, que vous sachiez, qu'ils sachent

VOULOIR: que je veuille, que tu veuilles, qu'il veuille, que nous voulions, que vous vouliez, qu'ils veuillent

Prononciation:

sois, soit, soient   /swa/
soyons, soyez   /swajɔ̃/, /swaje/
aille, ailles, aillent   /aj/
allions, alliez   /aljɔ̃/, /alje/
aie, aies, ait, aient   /ɛ/
ayons, ayez   /ejɔ̃/, /eje/
veuille, veuilles, veuillent   /vœj/
voulions, vouliez   /vuljɔ̃/, /vulje/

EXERCICE A. *Refaites les phrases suivantes selon le modèle.*
MODÈLE   Venez.
         Il faut que vous veniez.

         Viens.
         Il faut que tu viennes.

1. Prenez cette clef.   2. Restez ici.   3. Ecrivez une
explication.   4. Vends la maison.   5. Soyez patient.
6. Finissez ce travail.   7. Répondez.   8. Buvez ceci.
9. Fais de ton mieux.   10. Va au laboratoire.
11. Trouve une bonne position.   12. Obéis au réglement.
13. Sors à l'instant.   14. Bois quelque chose.

EXERCICE B.
MODÈLE   Il part tout de suite.
         Il vaut mieux qu'il parte tout de suite.

1. Nous y allons.   2. Ils font un effort sérieux.   3. Je
choisis le bon moment.   4. Il va directement chez lui.
5. Ils prennent la fuite.   6. Je suis raisonnable.   7. Nous
avons une bonne documentation.   8. Je ne m'endors pas.
9. Nous renonçons à cette folie.   10. Il comprend la
situation.

22. L'emploi du subjonctif après certains verbes

On emploie le subjonctif dans une proposition subordonnée
introduite par certaines expressions verbales impersonnelles:

   Il faut que vous soyez sincère.
   Il vaut mieux que nous prenions cette route.
   Il est possible que je fasse une erreur.

On emploie aussi le subjonctif après les expressions suivantes:
il est bon, **il est douteux**, **il est essentiel**, **il est important**,
il est nécessaire, **il est temps**, etc.

Mais si l'expression impersonnelle exprime **la certitude** ou même une forte probabilité, c'est l'indicatif qu'il faut employer:

Il est clair qu'il **est** coupable.
Il est évident que tu **bois** trop.
Il est certain que nous ne **signerons** pas ce contrat.

De même: **il est probable**, **il est incontestable**, **il est sûr**, **il est vraisemblable**.

Le subjonctif s'emploie aussi dans une proposition introduite par un verbe exprimant le doute ou la négation:

Tu doutes que je dise la vérité.
Je ne crois pas qu'un compromis soit possible.
Il ne pense pas que nous ayons confiance en lui.

Mais si les verbes **croire** et **penser** ne sont pas employés négativement, on emploie l'indicatif:

Il pense que nous **avons** confiance en lui.
Je crois qu'un compromis **est** encore possible.

Le subjonctif s'emploie aussi quand le verbe principal exprime un désir ou un ordre:

Je veux que vous disiez la vérité.
Il insiste pour que tout le monde soit là.
Vous permettez que je parte maintenant?

Note: La construction anglaise *to want someone to do something*, qui comporte l'emploi de l'infinitif, n'existe pas en français. Elle est remplacée par une proposition subordonnée dont le verbe est au subjonctif:

Il veut que nous fassions cela.
Je voudrais que vous partiez.

EXERCICE A.
MODÈLE   Tu viens / il faut
Il faut que tu viennes.

1. Vous faites un petit voyage / il est temps
2. J'attends le bon moment / il vaut mieux
3. Je dis ce que je pense / elle défend
4. Nous trouvons la solution / il est essentiel
5. Elle fait de son mieux / je ne pense pas
6. Ils ont trouvé la solution / il est évident
7. Vous avez raison / il est possible
8. Tu vas en ville / je veux
9. J'écris un chef-d'œuvre / il faut
10. Elle sort d'ici / je permets

EXERCICE B.
MODÈLE   Sortez d'ici.
Voulez-vous que je sorte d'ici?

1. Revenez demain soir.   2. Finissez les préparatifs.
3. Rendez-moi un service.   4. Allez-vous-en.   5. Soyez
charitable.   6. Lisez ce livre.   7. Réfléchissez-y.
8. Ayez pitié de moi.   9. Participez au programme.

EXERCICE C.   *Mettez les phrases suivantes au négatif et faites les changements nécessaires.*
MODÈLE   Je crois qu'il est là.
Je ne crois pas qu'il soit là.

1. Je suis sûr que vous comprenez.
2. Il pense que vous avez l'intention de partir.
3. Je crois qu'il est intelligent.
4. Nous sommes sûrs qu'il finira à temps.
5. Je suis certain qu'il s'agit d'une erreur.
6. Je crois que vous êtes amoureux.

Paris — dans le métro

23. L'emploi du subjonctif de réaction subjective

Si le verbe principal exprime la joie, la colère, le regret, la peur, etc., le verbe de la proposition subordonnée s'emploie au subjonctif:

Je suis ravi que vous **soyez** là.
Il est content que tu **comprennes** la situation.
Nous regrettons que vous ne **fassiez** plus rien pour nous.
J'ai peur que tu ne **prennes** une mauvaise décision.

Le subjonctif s'emploie aussi après les verbes suivants : **avoir peur**, **craindre**, **regretter**, **s'étonner** et **être content** (heureux, ravi, fâché, furieux, désolé, dégoûté, etc.).

Avec les verbes qui expriment la crainte, on emploie— surtout dans la langue écrite—un **ne** explétif qui n'a pas une valeur négative. Comparez :

> Je crains qu'il **ne** soit trop tard. *I'm afraid it's too late.*
> Je crains que ce **ne** soit **pas** le moment. *I'm afraid that this is not the time.*

EXERCICE.

MODÈLE Vous venez nous voir / nous sommes contents
Nous sommes contents que vous veniez nous voir.

1. Vous ne vous dépêchez pas / je suis furieux
2. Il tombe dans l'erreur / j'ai peur
3. Elle dit la vérité / je doute
4. Vous vous trompez / je crains
5. Vous buvez trop / je regrette
6. Elle est cruelle / ça me déplaît
7. Il fait une bonne affaire / sa femme est contente
8. Tu finis cette tâche / tout le monde est étonné
9. Vous ratez votre travail / je suis désolé

24. Le passé du subjonctif

Lorsque le temps du verbe de la proposition subordonnée est antérieur à celui de la proposition principale, on emploie le passé du subjonctif :

> J'**ai peur** que vous **n'ayez pas compris**. *I* am *afraid that you* did not understand.
> Ils **sont** contents que nous **soyons arrivés** à temps. *They* are *glad we* arrived *on time.*
> Il **s'étonne** que je **n'aie pas reconnu** sa sœur. *He is surprised that I* didn't recognize *his sister.*

EXERCICE.

MODÈLE Vous avez menti / je ne suis pas content
Je ne suis pas content que vous ayez menti.

1. Vous êtes venu nous voir / nous sommes ravis
2. Il a fait une bonne affaire / sa femme est contente
3. Vous avez trop bu / je suis fâché
4. Vous avez raté votre travail / ça me déplaît
5. Tu ne t'es pas dépêché / je suis furieux
6. Elle est tombée dans l'erreur / j'ai peur
7. Vous avez été si cruel / nous regrettons
8. Nous n'avons pas eu de chance / c'est dommage
9. Il n'a pas pu réussir / on est désolé
10. Nous nous sommes trompés / je crains
11. Elle a dit la vérité / je doute
12. Tu as fini cette tâche / tout le monde est étonné
13. Elle n'avait rien compris / j'étais furieux

25. **L'emploi du subjonctif après certaines conjonctions**

Le subjonctif s'emploie dans une proposition introduite par **bien que, quoique, avant que, jusqu'à ce que**:

Je bois **bien que je n'aie pas** soif.
Il faut venir me voir **avant qu'il ne soit** trop tard.
Je me battrai **jusqu'à ce que l'ennemi soit** vaincu.

Il s'emploie aussi après les conjonctions suivantes: **pour que** (*so that, in order that*), **pourvu que, à condition que** (*provided that*), **sans que** (*without*) et **de peur que** (*for fear that*).

Après certaines conjonctions on emploie un **ne** explétif devant le verbe, surtout dans la langue écrite:

Il mourra **à moins que** nous **ne** lui venions en aide.
He'll die unless *we help him.*
Il tenait l'échelle **de peur qu'**elle **ne** tombe. *He held the ladder* for fear that *she might fall.*

Avec **sans que** et **avant que** l'emploi du **ne** explétif est facultatif.

On emploie aussi le subjonctif dans une proposition introduite par une locution conjonctive comme **qui que** (*whoever*), **quoi que** (*whatever*), **où que** (*wherever*), etc.

> **Qui que vous soyez**, je n'ouvre pas. *Whoever you are . . .*
> **Où qu'il aille**, je le retrouverai. *Wherever he goes . . .*
> **Quoi que tu fasses**, tu ne m'échapperas pas. *Whatever you do . . .*

EXERCICE A. *Reliez les deux phrases avec **pour que**.*
MODÈLE Elle s'explique; je comprends.
   Elle s'explique pour que je comprenne.

1. Je me mets en colère; la vie sera moins monotone.
2. Je lui donne des coups de pied; il aura peur de moi.
3. Elle me donne de l'argent; je ferai un long voyage.
4. Elle menace de se suicider; je reviendrai.
5. Elle pleure; je serai pris de remords.
6. Je la quitterai; ma vie sera plus calme.

EXERCICE B. *Reliez les deux phrases avec **bien que**.*
MODÈLE J'y vais; ce n'est pas prudent.
   J'y vais bien que ce ne soit pas prudent.

1. Elle ne m'aime pas; je suis aimable.
2. Je lui enseigne les mathématiques; elle n'y comprend rien.
3. J'ai confiance en vous; vous avez des préjugés.
4. Je n'ai pas écrit de chef-d'oeuvre; je fais de grands efforts.
5. Je recommence mon travail; ce n'est pas la peine.

EXERCICE C. *Reliez les deux phrases avec **avant que**.*
MODÈLE J'arrive; elle part.
   J'arrive avant qu'elle parte.

1. Elles sont entrées; je suis prêt.
2. Elle brûle les papiers; je les lis.

3. Elle pleure; je lui fais mal.
4. Le mal est fait; on peut protester.
5. La mort survient; on sait pourquoi on existe.

EXERCICE D. *Reliez les deux phrases avec l'expression entre parenthèses.*

MODÈLE   Il en parle; il n'en sait rien.   (bien que)
Il en parle bien qu'il n'en sache rien.

1. Je t'expliquerai; tu comprendras.   (jusqu'à ce que)
2. Il faut attendre; les autres viendront.   (que)
3. Il travaille; sa mère sera fière du lui.   (pour que)
4. Vous prendrez son portefeuille; il s'en apercevra. (sans que)
5. Je vais l'acheter; quelqu'un d'autre l'achètera.   (de peur que)
6. Vous pouvez parler; il vous entend.   (sans que)
7. Je ne vous donnerai pas votre linge; vous me donnez le ticket.   (à moins que)
8. J'essayerai d'expliquer; je n'y comprend pas grand'-chose.   (quoique)
9. Je prendrai ce risque; vous me donnerez la moitié des bénéfices.   (pourvu que)
10. Il mourra; nous trouverons un médecin.   (à moins que)

26. Le subjonctif remplacé par l'infinitif

En général, lorsque le verbe principal et le verbe subordonné se rapportent à un même sujet, on remplace la proposition subjonctive par une construction infinitive.[1] Ce n'est pas le cas en anglais. Comparez:

J'ai peur **de ne pas être** le bienvenu.

et

I'm afraid that I'm not welcome.

---

[1] Notez la construction suivante où l'infinitif remplace une proposition avec un verbe à l'indicatif:

Je croyais rêver. *I thought that I was dreaming.*

Etudiez les phrases suivantes qui font ressortir la différence entre les deux constructions:

Les deux verbes ont le même sujet.	Chaque verbe a un sujet différent.
Nous nous sommes arrêtés pour nous reposer.	**Nous** nous sommes arrêtés pour que **la vieille femme** se repose.
Il voulait être content.	**Il** voulait que **je** sois content.
Il est parti sans me voir.	**Il** est parti sans que **je** le voie.
Je t'en parlerai avant de partir.	**Je** t'en parlerai avant que **tu** ne partes.
Je regrette de ne pas la connaître.	**Je** regrette que **vous** ne la connaissiez pas.

Le verbe des propositions introduites par **bien que, quoique, jusqu'à ce que** et **pourvu que** se met obligatoirement au subjonctif:

Il est malheureux bien qu'**il** ait beaucoup d'argent.

Vous pouvez entrer pourvu que **vous** ayez un laissez-passer.

EXERCICE   *Reliez les deux éléments de phrases en suivant le modèle.*

MODÈLE   Je regrette / vous êtes arrivé trop tard
           Je regrette que vous soyez arrivé trop tard.

           Je regrette / je suis arrivé trop tard.
           Je regrette d'être arrivé trop tard.

1. Je ne crois pas / je vous connais
2. Vous avez peur / je serai déçu
3. Je voudrais / vous partez.
4. Il craint / il ne réussira pas
5. Vous regrettez / je ne me suis pas dépêché
6. Ils regrettent / ils ne peuvent pas venir ce soir
7. Je ne croyais pas / tu avais compris

27. Le subjonctif dans les propositions relatives

Le subjonctif s'emploie si l'antécédent d'une proposition relative est qualifié par un superlatif ou par un adjectif ayant cette valeur, tel que **dernier** ou **seul**:

> C'est la personne **la plus bigote** que je **connaisse**.
> C'est **la dernière** fois que nous l'**ayons** vu.

Il s'emploie aussi dans les propositions introduites par **personne** ou **rien**:

> Je ne connais **personne qui soit** si gentil.
> Il n'y a **rien qu'on puisse** faire.

Il s'emploie enfin si l'antécédent de la proposition relative se rapporte à une personne ou une chose dont l'existence est incertaine:[1]

> Je cherche **quelqu'un qui puisse** me renseigner (je ne suis pas sûr qu'il existe).

Si l'existence de la personne ou de la chose est affirmée, le verbe se met à l'indicatif:

> Je connais quelqu'un qui peut vous renseigner (je sais qu'il existe).

EXERCICE A. *Mettez l'adjectif au superlatif et faites les changements nécessaires.*
MODÈLE   C'est un bon film / nous avons vu
*   C'est le meilleur film que nous ayons vu.*

1. C'est un mauvais roman / j'ai jamais lu
2. C'est une jolie femme / je connais

---

[1] Dans la langue parlée, le conditionnel peut remplacer le subjonctif:

Je cherche **quelqu'un qui pourrait** me renseigner.

3. C'est une idée bizarre / il a jamais exprimée
4. C'est une action généreuse / vous avez faite

EXERCICE B. *Mettez la forme convenable du verbe indiqué entre parenthèses.*

1. Connaissez-vous un restaurant qui (être) vraiment bon?
2. Y a-t-il quelqu'un ici qui (savoir) le japonais?
3. Je connais un médecin qui (pouvoir) vous soigner.
4. C'est le seul moment de la journée qui (être) supportable.
5. Il n'y a rien ici qui me (plaire).
6. C'est le seul poème qu'il (avoir jamais lu).
7. Il y a à Paris un aveugle qui (savoir) jouer au tennis.
8. Je cherche un quartier qui (être) calme.
9. Je ne connais personne qui (savoir) travailler comme lui.
10. C'est l'endroit le plus agréable qu'on (pouvoir) imaginer.

28. L'imparfait et le plus-que-parfait du subjonctif

L'imparfait et le plus-que-parfait du subjonctif s'emploient presque exclusivement dans la langue écrite. Voici les formes de l'imparfait:

parl**er**	fin**ir**	répond**re**
que je	que je	que je
parl**asse**	fin**isse**	répond**isse**
que tu	que tu	que tu
parl**asses**	fin**isses**	répond**isses**
qu'il parl**ât**	qu'il fin**ît**	qu'il répond**ît**
que nous	que nous	que nous
parl**assions**	fin**îssions**	répond**issions**

que vous	que vous	que vous
parl**assiez**	fin**issiez**	répond**issiez**
qu'ils	qu'ils	qu'ils
parl**assent**	fin**issent**	répond**issent**

L'imparfait du subjonctif dérive le plus souvent du passé simple:

pouvoir	prendre	écrire
il **put**	il **prit**	il **écrivit**
que je pu**sse**	que je pri**sse**	que j'écrivi**sse**
que tu pu**sses**	que tu pri**sses**	que tu écrivi**sses**
qu'il pû**t**	qu'il prî**t**	qu'il écrivî**t**
que nous pu**ssions**	que nous pri**ssions**	que nous écrivi**ssions**
que vous pu**ssiez**	que vous pri**ssiez**	que vous écrivi**ssiez**
qu'ils pu**ssent**	qu'ils pri**ssent**	qu'ils écrivi**ssent**

Note: A l'imparfait du subjonctif il ne faut pas confondre les formes **fisse**, **fisses** et **fît** du verbe **faire** et les formes **fusse**, **fusses** et **fût** du verbe **être**.

Le plus-que-parfait du subjonctif se compose du subjonctif imparfait de l'auxiliaire **avoir** ou **être** et d'un participe passé:

Il ne croyait pas que Jacques **eût vendu** les meubles.
Nous regrettions que les autres **ne fussent pas arrivés**.

L'imparfait et le plus-que-parfait du subjonctif s'emploient dans la langue écrite lorsque le verbe principal est au conditionnel ou à un temps passé. Remarquez les différences entre la langue écrite et la langue parlée.

LANGUE PARLÉE: Je voulais que tu fasses ce rapport.
LANGUE ÉCRITE: Je voulais que tu fisses ce rapport.

LANGUE PARLÉE: Il fallait que vous ayez du courage.
LANGUE ÉCRITE: Il fallait que vous eussiez du courage.

LANGUE PARLÉE : J'avais peur qu'il n'ait pas compris.
LANGUE ÉCRITE : J'avais peur qu'il n'eût pas compris.

LANGUE PARLÉE : Elle ne croyait pas qu'il y soit allé.
LANGUE ÉCRITE : Elle ne croyait pas qu'il y fût allé.

Dans la langue écrite, le plus-que-parfait du subjonctif remplace parfois le passé du conditionnel :

LANGUE PARLÉE : Qui l'aurait cru ?
LANGUE ÉCRITE : Qui l'eût cru ?

LANGUE PARLÉE : J'aurais aimé vivre auprès d'elle.
LANGUE ÉCRITE : J'eusse aimé vivre auprès d'elle.

EXERCICE. *Mettez les verbes des phrases suivantes au temps du subjonctif qu'on emploie dans la langue parlée.*

1. Il fallait que ses parents vendissent la maison.
2. Il fallait qu'il partît.
3. Nous étions contents que vous fussiez venu.
4. Faudrait-il qu'il s'en allât ?
5. J'étais content qu'il eût étudié ce problème.
6. Il regrettait que je n'eusse pas fait plus d'efforts.
7. Vouliez-vous qu'il vînt ?
8. Elle eût voulu qu'il répondît.
9. Tout le monde était content qu'il fît cette démarche.
10. J'eusse préféré qu'il partît.

29. L'emploi de l'infinitif

L'infinitif peut s'employer comme sujet d'un verbe :

Vouloir, c'est pouvoir.
Voir, c'est croire.

Le plus souvent l'infinitif s'emploie comme complément d'un verbe ou d'une préposition :

Le Hameau — séjour champêtre de Marie-Antoinette à Versailles

Je n'aime pas **danser**.
Pouvez-vous **imaginer** cela?
Il est venu **pour s'amuser**.
Il faut manger **avant de partir**.

Attention: En anglais, après une préposition on emploie le gérondif (*without eating, before going*). Sauf l'exception signalée en note, c'est l'infinitif qu'on emploie en français.[1] Comparez:

Il est sorti **sans me voir**. *He went out* without seeing *me*.
Je le ferai **avant de partir**. *I'll do it* before leaving.

Il en est de même des verbes de perception (**voir**, **regarder**, **entendre**) qui sont suivis du gérondif en anglais, mais de l'infinitif en français:

Je regardais **passer** les jeunes filles. *I watched the girls going by.*

[1] La préposition **en** exige le participe présent (Il regardait la télévision **en faisant** ses devoirs). Voir paragraphe 34.

Vous a-t-il vu **venir**? *Did he see you* coming?
J'entends **chanter** quelqu'un. *I hear someone* singing.

EXERCICE A. *Répondez affirmativement en employant **falloir** +
l'infinitif.*
MODÈLE   Vous vendez la maison?
Oui, il faut vendre la maison.

1. Vous partez?   2. Vous répondez?   3. Vous obéissez
aux autorités?   4. Vous prenez un parapluie?
5. Vous mettez un imperméable?   6. Vous faites comme
tout le monde?   7. Vous finissez?   8. Vous travaillez?

EXERCICE B.   *Transformez les phrases suivantes selon le modèle.*
MODÈLE   Je regarde le train qui passe.
Je regarde passer le train.

1. Je vois les gendarmes qui arrivent.
2. Vous avez entendu Marie qui pleurait.
3. Nous regardons les gens qui passent.
4. Tu as vu le jeune homme qui dansait.
5. On a entendu quelqu'un qui venait.

EXERCICE C.   *Traduisez en français.*

1. He listened without understanding a word.
2. She likes to have lunch before going out.
3. We are going to explain the situation.
4. To part is to die a little.
5. To understand is to forgive.

30.   Le passé de l'infinitif

Le passé de l'infinitif s'emploie surtout après une préposition
pour exprimer une action antérieure à celle du verbe principal:

On l'accuse d'avoir prémédité son crime.   *He is accused
(now) of having premeditated his crime (then).*

La préposition **après** est toujours suivie du passé de l'infinitif:

Il est rentré **après avoir perdu** son argent.
Après s'être couché, il s'est endormi.

Dans les deux cas, en anglais on emploie le gérondif (*after losing his money, after going to bed*) ce qui n'est jamais possible en français, quel que soit le sens de la phrase.
Le passé de l'infinitif se forme avec **être** ou **avoir** selon la nature du verbe:

Après y **avoir** longuement **réfléchi**, elle a pris une décision.
Il est descendu après **s'être rasé**.
Après **être sortis**, nous avons cherché un taxi.

EXERCICE A. *Répondez selon le modèle.*
MODÈLE   A-t-il pris sa décision avant de partir?
          Non, il a pris sa décision après être parti.

1. A-t-il parlé avant de déjeuner?
2. A-t-elle mangé avant d'arriver?
3. Y sont-ils allés avant de se marier?
4. Avez-vous donné votre opinion avant de réfléchir?
5. Avons-nous renoncé à votre projet avant de réfléchir?

EXERCICE B. *Remplacez l'infinitif par le passé de l'infinitif.*
MODÈLE   Je regrette de vous déranger.
          Je regrette de vous avoir dérangé.

1. Je suis content de travailler ici.
2. Il est fâché de manquer le train.
3. Nous regrettons de vous faire de la peine.
4. Cela me fait plaisir de faire votre connaissance.
5. Tu es étonné de me voir ici.
6. Il est content de s'installer chez elle.
7. Vous regrettez de venir à New-York?

31. L'infinitif employé négativement

On place **ne** suivi de **pas**, **plus**, **jamais** ou **rien** devant l'infinitif:

> Etre ou **ne pas** être; voilà la question.
> Ils ont décidé de **ne jamais aller** là-bas.
> Le docteur m'a dit de **ne plus** quitter la maison.
> Il m'a recommandé de **ne rien** dire.

Personne, aucun et **que** se placent après l'infinitif:

> Vous êtes sûr de **ne** connaître **personne** ici.
> Il a décidé de **ne** rester **que** deux mois.

EXERCICE.   *Mettez les infinitifs à la forme négative indiquée.*
MODÈLE   Il a décidé de partir. (ne pas)
> *Il a décidé de ne pas partir.*

1. Vous êtes content de vivre à Paris?   (ne plus)
2. Il a promis de parler au commissaire.   (ne jamais)
3. Je lui ai demandé d'attendre.   (ne plus)
4. Il vaut mieux divorcer.   (ne pas)
5. Elle m'a conseillé de faire un voyage.   (ne pas)
6. Vous faites bien de penser à cela.   (ne plus)
7. Il est content d'avoir parlé.   (ne...à personne)
8. Je regrette de connaître trop de monde ici.   (ne... personne)
9. Je vous conseille de dire la vérité.   (ne rien)
10. Il m'a dit de boire du lait.   (ne que)

32. Les pronoms régis par un infinitif

Les pronoms compléments atones[1] (**me, te, le, la,** etc.) précèdent l'infinitif:

> Nous avons réussi à **le faire.**
> Je vais **lui en parler.**
> Tu as envie de **te coucher.**

---

[1] atone = non-accentué (*unstressed*).

Avec les verbes de perception (**voir, regarder, entendre, écouter, sentir**) et avec **laisser** et **faire,** les pronoms précèdent le verbe principal:

On **les** regardait **passer.**
Nous **en** avons entendu **parler.**
Je **le lui** ferai **annoncer.**
Je ne **vous** laisserai pas **mourir.**

Les pronoms se placent toujours après **ne pas, ne plus, ne jamais:**

Il a promis de **ne pas leur en parler.**
Ils ont décidé de **ne jamais y retourner.**

EXERCICE. *Remplacez les noms par les pronoms qui conviennent.*
MODÈLE   Nous avons essayé de comprendre cette explication.
Nous avons essayé de la comprendre.

1. On va affronter ces nouveaux problèmes.
2. Vous devriez équilibrer votre budget.
3. Ils ont pris l'habitude de critiquer nos programmes.
4. Je vous dis de ne jamais parler aux autorités de nos projets.
5. Vous ferez transmettre le rapport au directeur?
6. Je voudrais organiser ces réunions.
7. Nous regardions jouer les petits enfants.
8. Tu devrais renverser les fausses idoles.
9. Je vous conseille de ne pas emporter trop d'argent quand vous sortez.
10. Il est content de ne pas avoir perdu son portefeuille.
11. Il faut faire arrêter le malfaiteur.

33.   L'infinitif complément

L'infinitif complément est régi par trois catégories de verbes ou d'expressions verbales:

1. Ceux qui sont suivis de l'infinitif sans préposition, tels que les verbes **vouloir, pouvoir, savoir, devoir,**

falloir, aller, laisser et **faire,** auxquels peuvent s'ajouter les verbes **aimer, compter** (*to plan to*), **désirer, espérer, oser, préférer** et **sembler**:

> Vous allez le faire.
> Je dois y aller.
> Tu peux comprendre.
> Nous voudrions rester ici.
> Il sait écrire.
> Il faut essayer.

2. Ceux qui introduisent l'infinitif par la préposition **de,** tels que les verbes ou expressions verbales **accepter, s'arrêter, avoir peur, avoir besoin, cesser, craindre, décider, demander, se dépêcher, dire, essayer, finir, offrir, oublier, promettre, refuser, regretter** et **tenter**:

> Il avait besoin **de se reposer.**
> Ils ont essayé **de sortir.**
> Elle m'avait conseillé **de ne pas y aller.**
> Je vous remercie **de m'avoir invité.**

3. Ceux qui introduisent l'infinitif par la préposition **à,** tels que les verbes **s'amuser, chercher, commencer, consentir, continuer, encourager, enseigner, hésiter, inviter, se mettre à** (*to begin*), **parvenir, réussir, songer** et **tarder** (*to be slow*).

> Il a appris **à parler.**
> Elle m'a aidé **à supporter** la vie.
> On s'habitue **à souffrir.**

EXERCICE. *Répondez en faisant la substitution indiquée.*
MODÈLE   Il va comprendre. (Il refuse / Il essaye)
> *Il refuse de comprendre. Il essaye de comprendre.*

1. Il doit revenir. (Il a oublié / Il m'a dit / Il m'a encouragé)

2. Nous allons chanter. (Nous aimons / Nous essayons / Nous nous amusons)
3. Je veux réduire les dépenses. (J'espère / Je ne peux pas / Je chercherai)
4. Elle va se reposer. (Elle devrait / Elle a promis / Elle a décidé)
5. Il doit travailler. (Il s'arrête / Il aurait dû / Il ne consentirait pas)
6. Vous aimez boire. (Vous voulez / Vous hésitez / Vous continuez)

34. Le participe présent

Le participe présent s'emploie le plus souvent après la préposition **en** pour exprimer une action qui se fait en même temps que l'action du verbe principal:

Il parlait en mangeant. (Il parlait et mangeait en même temps.)
En arrivant chez elle, je me suis aperçu que j'avais oublié la lettre. (Au moment d'arriver chez elle...)

Il exprime aussi le moyen par lequel on fait quelque chose:

On fait une omelette en cassant des œufs. (Pour faire une omelette il faut casser des œufs.)

Le participe présent exprime parfois une notion de causalité:

Voulant lui faire plaisir, je lui ai donné un pourboire. (Parce que je voulais lui faire plaisir...)
Etant curieux, j'ai fait une enquête. (Parce que je suis curieux...)

On forme le participe présent en ajoutant la terminaison **-ant** au radical de la première personne du pluriel présent: parl**ant**, finiss**ant**, repond**ant**, pren**ant**, etc. Il y a trois formes irrégulières: **étant** (être), **ayant** (avoir), **sachant** (savoir).

EXERCICE. *Ecrivez une phrase équivalente en employant le participe présent.*

MODÈLE   Au moment où j'entrais, j'ai compris ce qui se passait.

   En entrant, j'ai compris ce qui se passait.

1. Il faisait ses devoirs et en même temps regardait la télévision.
2. Je le trouverai si je cherche partout.
3. Parce qu'elle était trop jeune, elle ne pouvait pas comprendre.
4. Quand elle passait devant chez moi, elle disait bonjour.
5. Dans un article que je vais écrire, j'éclaircirai ce problème.
6. Parce que nous étions partis trop tard, nous ne sommes pas arrivés à temps.
7. Il gesticulait et criait en même temps.
8. Si vous conduisez prudemment, vous y arriverez sain et sauf.
9. Comme je voulais partir le matin, je me suis couché de bonne heure.

35. La voix passive

On met un verbe au passif lorsque le sujet subit l'action du verbe :

   Le criminel a été arrêté. (Actif: On a arrêté le criminel.)

On forme le passif avec le verbe **être** suivi du participe passé :

   Je **suis invité** chez eux.
   La lettre **a été envoyée**.

On emploie souvent la préposition **par** pour introduire le complément d'agent :

   Votre demande **sera examinée par le directeur**.

Caen — l'Abbaye aux hommes

Mais lorsqu'il s'agit d'une situation statique où il n'est pas question d'action, on emploie plutôt la preposition **de**:

> La voiture **était couverte de** neige.
> Le village **est entouré de** montagnes.

Les verbes **suivre** et **accompagner** sont, en géneral, suivis de la préposition **de**:

> Il **était** toujours **accompagné de** sa mère et **suivi de** son chien.

Une phrase au passif peut sembler trop lourde ou ambiguë. Dans ces cas, il vaut mieux en faire une phrase active:

> PASSIF: Cette question n'aurait pas dû être posée.
> ACTIF: On n'aurait pas dû poser cette question.
> PASSIF: Le problème a été considéré par les délégués.
> ACTIF: Les délégués ont considéré le problème.

EXERCICE A. *Mettez les phrases suivantes au passif.*
MODÈLE   On a construit la maison.
          La maison a été construite.

1. On a envoyé la lettre.
2. On a posé la question.
3. On vient de poser la question.
4. On me poursuit.
5. On m'a poursuivi.
6. On ne m'invitera pas.
7. On vous aime.
8. On vous aimait alors.

EXERCICE B. *Mettez au passif en suivant le modèle.*
MODÈLE   Ma sœur m'a invité.
          J'ai été invité par ma sœur.

1. Beethoven a composé cette symphonie.
2. Agathe a refusé l'invitation.
3. Mon père me battait souvent.
4. La police surveille mes moindres gestes.
5. Le capitaine m'a choisi.
6. Les délégués ont considéré le problème.

EXERCICE C. *Mettez les phrases suivantes au passif en employant*
de *ou* **par** *selon de cas.*
MODÈLE   Son père l'a puni.
          Il a été puni par son père.

          Son père l'aime.
          Il est aimé de son père.

1. Personne ne me comprend.
2. Ma mère déteste ma femme.
3. Tout le monde admire cette toile.
4. Le chien a attaqué le facteur.
5. Personne ne m'a battu.
6. Des admirateurs m'entourent.
7. La police me surveille.
8. Son chien le suit toujours.
9. La neige couvre la terre.

36. Le verbe pronominal employé à la place du passif

En anglais on emploie souvent un verbe au passif lorsqu'en français on emploie un verbe pronominal. Cette construction est plus ou moins limitée à la troisième personne et représente généralement une action habituelle :

> Cela ne se fait pas. *That isn't done.*
> Cela se faisait au moyen âge. *It used to be done in the Middle Ages.*
> Cela ne se dit plus. *That isn't said any more.*

S'il s'agit d'une action unique, on emploie le passif. Comparez :

> Comment se prononce cette voyelle? *How is this vowel pronounced?* (action habituelle)
> Le discours a été prononcé par le directeur. *The speech was delivered by the director.* (action unique)

EXERCICE. *Mettez le verbe à la forme pronominale.*
MODÈLE On ne fait pas cela.
> *Cela ne se fait pas.*

1. On ne dit jamais cela.
2. On voit cela souvent.
3. On corrige cela facilement.
4. On comprend cela.
5. On ne prononce pas cette consonne.

37. Le passif anglais et le passif français

A la différence de l'anglais, en français le complément indirect d'un verbe transitif ne peut pas devenir le sujet d'un verbe passif :

> On nous a dit la vérité. *We were told the truth.*
> On m'a donné ce livre. *I was given this book.*

Il faut faire particulièrement attention lorsqu'un verbe, qui se construit en anglais avec un complément direct, se construit en français avec un complément indirect:

> On a répondu à la lettre.   *The letter was answered.*
> On lui a conseillé de partir.   *He was advised to leave.*
> On permet aux enfants de jouer ici.   *The children are permitted to play here.*

EXERCICE.   *Traduisez en français à la forme active.*

1. We were given three days.   2. She has been given her reward.   3. They were advised to go home.   4. The letter will be answered.   5. I was spoken to severely. 6. She was promised a new car.   7. We were offered a job.   8. I will be told what happens.

les
pronoms

2

38. **Les pronoms personnels**: *le, la, l', les*

Les pronoms compléments d'objet direct à la troisième personne
sont identiques à l'article défini: **le, la, l', les.** A la différence
de l'anglais, le pronom se place devant le verbe:[1]

> Vous **les** aimez? *You like* them?
> Je **l'**ai lu. *I've read* it.

Ces pronoms s'emploient lorsqu'il n'y a pas de préposition
qui sépare le verbe du complément:

> Je connais **cette femme.** Je **la** connais.
> Nous cherchons **les témoins.** Nous **les** cherchons.

Mais:

> Je parle **à cette femme.** Je **lui** parle.
> Nous avons besoin **de témoins.** Nous **en** avons besoin.

Le pronom **le** peut remplacer une proposition entière:

> Saviez-vous **que ses parents avaient divorcé?** Oui, je
> **le** savais.

---

[1] Sauf, bien entendu, à l'impératif affirmatif:
Donnez-**moi**, etc.

Le remplace aussi un adjectif, même lorsque celui-ci est au féminin:

Es-tu contente? Oui, je **le** suis.

EXERCICE A.   *Répondez en mettant le pronom convenable.*
MODÈLE   Voyez-vous cette photo?
          Oui, je la vois.

1. Vous écrivez les lettres?   2. Connaissez-vous la danseuse?   3. Cherchez-vous l'explication?   4. Vous regardez le tableau?   5. Cherchez-vous la paix intérieure?   6. Vous perfectionnez vos théories? 7. Vous attendez l'autobus?   8. Vous demandez ces renseignements?   9. Vous saisissez ce prétexte? 10. Vous désignez la victime?   11. Vous regardez mes papiers?   12. Vous envoyez les marchandises?   13. Vous avez cultivé votre jardin?   14. Vous posez ces questions? 15. Vous suivez cette affaire?   16. Etes-vous méchant? 17. Savez-vous que je suis fatigué?   18. Est-ce qu'on dit que vous êtes gentil?   19. Faut-il travailler? 20. Pensez-vous que cela vaut la peine?

39. *Le, la, l', les* employés avec le négatif et le passé composé

Remarquez la place des pronoms dans l'ordre des mots au passé composé et au négatif:

Je ne **les** ai jamais donnés à personne.
Ne **les** avez-vous pas compris?
Vos parents ne **l'**ont-ils pas choisi?
Nous ne **les** avons plus revus.

Que la phrase soit interrogative ou déclarative, le pronom se place après **ne** et devant le verbe auxiliaire.

EXERCICE A. *Répondez négativement aux questions suivantes en mettant les pronoms qui conviennent.*
MODÈLE Avez-vous vu les photos?
    Non, je ne les ai pas vues.

1. Avez-vous demandé les documents?
2. Avez-vous regardé ses jambes?
3. Ont-ils éclairci le problème?
4. A-t-il interprété l'expérience?
5. Avez-vous rompu vos fiançailles?
6. Avez-vous admiré la solution?
7. A-t-elle mis la voiture devant la porte?
8. Avons-nous bien utilisé cet argent?
9. As-tu reçu les machines?
10. Avez-vous empêché l'accident?

EXERCICE B. *Dans les questions suivantes mettez les pronoms qui conviennent à la place des noms.*
MODÈLE N'a-t-il pas regardé les tableaux?
    Ne les a-t-il pas regardés?

1. N'a-t-elle pas découvert la vérité?
2. N'avez-vous pas écrit ces lettres?
3. Ne comprenez-vous pas ces complications?
4. Ne connais-tu pas la région?
5. N'aimez-vous pas ces machines?
6. N'a-t-il pas acheté le dictionnaire?
7. N'ont-ils pas posé la question?
8. N'avons-nous pas admiré les explications?
9. N'a-t-elle pas trouvé le moyen de partir?
10. N'avez-vous pas vendu les billets?

40. Le pronom adverbial *y*

Y n'a pas d'équivalent exact en anglais. Il s'emploie en général pour remplacer un nom de chose introduit par la préposition **à**:

Vous avez répondu **à la lettre**? Non, je n'**y** ai pas encore répondu.

Est-ce que je devrais penser **à mon avenir**? Oui, vous
   devriez **y** penser.
Vous êtes-vous décidé **à refaire votre vie**? Oui, je m'**y**
   suis décidé.

Remarquez que le pronom **y** peut remplacer un infinitif objet
de la préposition **à**.

Y remplace aussi un nom d'endroit précédé d'une préposition indiquant un lieu particulier:

Vous allez **au parc**? Oui, j'**y** vais.
Est-elle allée **dans la cuisine**? Oui, elle **y** est allée.
Le livre est **sous le bureau**? Oui, il **y** est.

Dans ces phrases, **y** a une fonction adverbiale.

EXERCISE A.   *Répondez affirmativement aux questions suivantes
en mettant le pronom adverbial* **y**.
MODÈLE   Etes-vous allé au Louvre?
         Oui, j'y suis allé.

   1. Avez-vous répondu au télégramme?
   2. Avez-vous renoncé au bonheur?
   3. Croyez-vous à la bonté des hommes?
   4. Avez-vous assisté au concert?
   5. Vous êtes-vous promené dans le Bois?
   6. Etes-vous descendu dans la rue?

EXERCICE B.   *Remplacez les noms dans les phrases suivantes par
le pronom adverbial* **y**.
MODÈLE   Vous êtes allé à la plage.
         Vous y êtes allé.

   1. Nous avons dansé sur le bateau.
   2. Je les ai vus dans le café des Artistes.
   3. Les avez-vous cachés sous le bureau?
   4. Ils ne sont jamais allés en Italie.
   5. N'ont-ils pas renoncé à ce projet?
   6. Ils vont à la foire gastronomique.

7. Il n'obéit pas aux règles du jeu.
8. Elle résiste à ses passions.
9. Il prend plaisir à me tourmenter.
10. Vous attendiez-vous à ce refus?
11. Je n'ai pas réfléchi au danger.
12. On va nous enfermer dans une grande tour.
13. Ils n'ont pas assisté à notre fête?
14. Elle demeure près de la Préfecture.
15. Pensiez-vous à ce que vous faisiez?

41. Le pronom *en*

Le pronom **en** remplace la préposition **de** suivi d'un nom. En règle générale, ce nom devrait être une chose, mais dans la langue parlée et même parfois dans la langue écrite, on trouve **en** qui se rapporte à une personne:

> Vous avez parlé **de la situation politique**? Oui, nous **en** avons parlé.
> Avez-vous besoin **d'argent**? Oui, j'**en** ai besoin.
> Voulez-vous vous débarrasser **de votre partenaire**? Oui, je veux m'**en** débarrasser. (On dirait plus correctement: Je veux me débarrasser de lui.)

En remplace aussi un nom pris dans un sens partitif, qu'il se rapporte aux choses ou aux personnes:

> Vous avez **de bons amis**? Oui, j'**en** ai de très bons.
> Il y a encore **des possibilités**? Non, il n'y **en** a plus.
> Vous avez vu **des agents de police**? Oui, j'**en** ai vu beaucoup.

En remplace aussi un nom précédé d'un nombre ou d'une expression de quantité:

> Avez-vous **assez de documents**? Oui, j'**en** ai **assez**.
> Il n'a pas **trop de problèmes**? Si, il **en** a **trop**.
> Vous allez lui donner **cinquante leçons**? Oui, je vais lui **en** donner **cinquante**.
> **Combien de** vices avez-vous? J'**en** ai **sept**.

La Rochelle — grand port de pêche, centre du protestantisme français pendant les guerres de religion (XVIᵉ siècle). Les tours datent du XIVᵉ siècle.

EXERCICE A.   *Répondez affirmativement en employant le pronom* **en.**

MODÈLE   Avez-vous pris des précautions?
         Oui, j'en ai pris.

1. Avez-vous bu de la bière?
2. Avez-vous envoyé des fleurs?
3. Faut-il donner des explications?
4. Vous achetez beaucoup de journaux?
5. Avez-vous demandé des renseignements?
6. N'avez-vous pas assez de courage? (Si, je...)
7. Y avait-il du monde chez elle?

Répondez négativement aux questions suivantes:

MODÈLE   Parlez-vous de l'existentialisme?
         Non, je n'en parle pas.

8. Tu abuses de ma faiblesse?
9. Y a-t-il des vérités absolues?
10. Avez-vous trop de responsabilités?
11. A-t-il bu trois litres de vin?
12. Etes-vous content de cette explication?
13. Est-il sorti de l'école?
14. S'est-il aperçu du danger?
15. Avez-vous peur de l'obscurité?

EXERCICE B. *Répétez les phrases suivantes en employant le pronom* **en.**
MODÈLE   Vous avez besoin d'argent.
Vous en avez besoin.

1. Il avait besoin de mes conseils.
2. Je ne suis pas sûr de ces faits.
3. Tout dépend de votre situation.
4. Nous avons examiné plusieurs exemplaires.
5. Je n'ai pas profité de l'occasion.

42. Les pronoms *lui* et *leur*

Lui et **leur** s'emploient pour remplacer un nom complément indirect du verbe désignant des personnes:

Tu parles **à ces garçons**? Oui, je **leur** parle.
Avez-vous pardonné **à votre ennemi**? Oui, je **lui** ai pardonné.
Allez-vous dire bonjour **à votre oncle**? Oui, je vais **lui** dire bonjour.

Remarquez que c'est seulement à la troisième personne qu'il faut savoir distinguer entre le complément direct et le complément indirect. Pour les autres personnes, la distinction ne se fait pas. On dit:

Je vous parle; je vous aime; je te connais; je te réponds, etc.
    mais:
Je lui parle; je l'aime; je le connais; je lui réponds, etc.

Parfois un verbe qui est suivi d'un complément direct en anglais est suivi en français d'un complément indirect. Comparez:

J'ai répondu **au juge**.   *I answered the judge.*
Je **lui** ai répondu.   *I answered him.*

Il faut obéir **aux autorités**.   *We must obey the authorities.*
Il faut **leur** obéir.   *We must obey them.*

Lui et **leur** se rapportent presque exclusivement aux personnes. S'il s'agit de choses il faut dire **y** (voir paragraphe 40):

J'obéis **au règlement**? Vous **y** obéissez.
Vous renoncez **à la révolution**? Oui, j'**y** renonce.

Penser (**à**), **réfléchir** (**à**), **songer** (**à**) se construisent avec un pronom tonique qu'on place après le verbe:

Je pense **à mes parents**; je pense souvent **à eux**.
Tu songeais **à Hélène**; tu songes trop **à elle**.
Il réfléchit **à Platon**; il réfléchit profondément **à lui**.

Mais avec des compléments désignant une chose ou une abstraction, il faut employer **y**:

Vous pensez **à votre salut**? Non, je n'**y** pense plus.

En anglais, la plupart des phrases comportant deux compléments, l'un direct et l'autre indirect, peuvent se construire de deux façons; en français il n'y a qu'une seule construction possible:

Il a donné les fleurs à sa mère.	*He gave the flowers to his mother.* *He gave his mother the flowers.*
Diras-tu la vérité à la police?	*Will you tell the police the truth?* *Will you tell the truth to the police?*

EXERCICE A. *Répondez affirmativement en mettant* **lui** *ou* **leur** *selon le cas.*
MODÈLE   Parliez-vous à la concierge?
     Oui, je lui parlais.

1. Avez-vous répondu au juge?   2. Obéissent-ils aux autorités?   3. Tu écris à tes amis?   4. Cela suffit à vos parents?   5. Cela arrive souvent à votre ami?   6. Il tient compagnie à cette fille?   7. Cette maison appartenait à M. Proust?   8. Ont-ils dit quelque chose à ces hommes?   9. Tu as fait mal à cet homme? 10. Cette couleur va bien à votre amie?

EXERCICE B. *Répondez affirmativement en mettant* **lui**, **leur** *ou* **y** *selon le cas.*

1. Avez-vous obéi à votre cœur?
2. Avez-vous obéi à la directrice?
3. Avez-vous renoncé aux valeurs bourgeoises?
4. A-t-on fait du mal à mes voisins?
5. As-tu dit bonjour à la princesse?
6. Je ressemble à mon père?
7. Cela plaît à vos amis?
8. Tu résistes à la tentation?
10. Pensiez-vous à ce problème?

EXERCICE C. *Refaites les phrases suivantes en substituant les pronoms qui conviennent.*
MODÈLE   Il pense à sa mère.
     Il pense à elle.

1. Elle ne réfléchissait pas au danger.
2. Il rêvait à ses amours éteintes.
3. Nous n'assistons jamais aux concerts de musique électronique.
4. Tu écrivais dans ta cellule.
5. On ne croit plus au bonheur conjugal.
6. Ils ne permettent rien à cet enfant.
7. Elle prenait plaisir à me tourmenter.

8. Il pensait à ses anciennes amies.
9. Parlez à votre père.
10. Vous attendiez-vous à cette déception?
11. Ils ont tout caché sous leur lit.
12. Pensez à vos collègues.
13. Pensez à vos responsabilités.
14. Ne cachez rien au docteur.
15. Cela a plu énormément à mes invités.
16. Elle n'avait jamais songé à cette possibilité.
17. Je pensais à ma femme.
18. Nous n'obéissons plus à nos supérieurs.

43. *Me, te, se, nous, vous*

Les pronoms **me**, **te**, **se**, **nous** et **vous** s'emploient comme compléments d'objet direct ou indirect:

direct	indirect
Tu **m'**écoutes.	Tu **me** réponds.
Je **te** regarde.	Je **te** raconte mon idée.
Il **se** moque de moi.	Il **se** lave les mains.
Ils **nous** connaissent.	Ils **nous** obéissent.
Il **vous** aime.	Il **vous** parle.
Ils **se** sont vus.	Ils **se** sont parlés.

Quand le verbe est négatif, ces pronoms se placent après **ne**:

Ils **ne nous** ont rien donné.

Me, **te**, **nous**, **vous** et **se** précèdent les pronoms **le**, **la**, **les**, **y** et **en**:

Il **me la** donne. *He gives it to me.*
Il **vous y** a vu hier soir. *He saw you there last night.*
Ils **nous en** ont envoyé plusieurs. *They sent us several of them.*
Vous ne **me les** avez pas expliqués. *You didn't explain them to me.*
Il **s'en** moque. *He doesn't care about it.*

Si **me**, **te**, **nous**, **vous** et **se** sont compléments d'objet direct, if faut représenter le complément indirect par un pronom tonique précédé de la préposition **à**:

Ils **nous** ont présentés **à lui**. *They introduced us to him.*
Il **s'**intéresse **à elle**. *He's interested in her.*

On dit de même:

Elle **t'**a présenté **à moi**. *She introduced you to me.*
Il **s'**intéresse **à vous**. *He's interested in you.*

EXERCICE A. *Répondez affirmativement.*
MODÈLE   Me connaissez-vous?
              Oui, je vous connais.

1. Me détestez-vous?   2. Nous regarde-t-on?   3. Nous avez-vous aidés?   4. Nous ont-elles regardés?   5. Je vous ai surpris?   6. Vous m'avez trahi?   7. Il vous parle?   8. Elle nous a donné quelque chose?   9. Ce costume me va bien?   10. Ces accidents vous arrivent souvent?

EXERCICE B.   *Remplacez les noms par les pronoms qui conviennent.*
MODÈLE   Il vous a envoyé les documents.
              Il vous les a envoyés.

1. Il vous a emprunté du tabac?
2. On leur a montré les preuves.
3. Pourquoi m'avez-vous demandé cette formule?
4. Il vous a fait comprendre l'importance de ce détail.
5. Vous me ferez oublier le passé.
6. M'avez-vous toujours dit la vérité?
7. Ne me donnera-t-elle pas son adresse?
8. On vous a offert de l'argent.
9. Vous ne nous enverrez jamais la liste.
10. Nous ne t'avons pas transmis les ordres.
11. Ils m'ont posé ces questions.
12. Elle s'intéresse à Paul.
13. Voulez-vous me présenter à votre sœur?

44. La place des pronoms

Les pronoms personnels compléments précèdent normalement le verbe, y compris l'auxiliaire dans les temps composés. Dans une phrase négative ils se placent après **ne**:

> Ils **ne nous** regardent plus.
> Je **vous les** enverrai demain.
> Ils **y** sont allés.
> Je ne **m'en** étais pas rendu compte.

En général, ils se placent entre le verbe et un infinitif complément:

> Il vient **me** chercher cet après-midi.
> Tu dois **lui** donner une réponse.

EXERCICE.   *Remplacez les noms par les pronoms qui conviennent.*
MODÈLE   On vous a donné la liste.
>   *On vous l'a donnée.*

1. Il n'a pas demandé son argent.
2. Nous n'avons pas vendu la voiture.
3. Allez-vous répondre à ces accusations?
4. Ne vous a-t-il pas expliqué ces passages?
5. Il faudra acheter ces appareils.
6. Vous devez renoncer à cette folie.
7. Ne peut-on plus remédier à la situation?

45. L'ordre des pronoms

Lorsqu'il y a plus d'un pronom devant le verbe, on observe l'ordre indiqué dans le tableau suivant:

(sujet)	(ne)	me te se nous vous	le la les	lui leur	y	en	verbe	(pas)	(participe passé)

EXERCICE. *Remplacez les noms par les pronoms qui conviennent.*
MODÈLE   On avait donné les lettres au destinataire.
On les lui avait données.

1. Je ne vous demande pas la lune.
2. Vous vous doutiez de ce qui se passait.
3. Tu as parlé de ces projets à cet homme-là?
4. Le marchand a vendu le tableau à l'étudiant.
5. Elle n'a pas expliqué la chose à son mari.
6. Ils n'ont pas demandé la permission à leurs parents.
7. Il nous a caché des documents importants.
8. Y a-t-il des mariages parfaits?
9. Vous devez lui expliquer cette notion.

46. L'ordre des pronoms régis par un verbe à l'impératif

A l'impératif négatif les pronoms se placent devant le verbe comme à l'indicatif:

INDICATIF: Vous ne me les donnez pas.
IMPÉRATIF: Ne me les donnez pas.

Voici d'autres exemples:

Nous n'y allons plus.   *We don't go there any more.*
N'y allons plus.   *Let's not go there any more.*

Tu ne me dis rien.   *You don't tell me anything.*
Ne me dis rien.   *Don't tell me anything.*

La seule différence est que le pronom sujet est employé à l'indicatif.
Note: La deuxième personne du singulier des verbes en **-er** s'écrit sans **s** à l'impératif:

Tu me regardes. Regard**e**-moi.

A l'impératif affirmatif les pronoms se placent après le verbe et dans certains cas changent de forme (**me** > **moi**, **te** > **toi**) :

Donnez-les-moi.   *Give them to me.*
Allons-y.   *Let's go there.*
Dépêche-toi.   *Hurry.*
Regardez-le.   *Look at him.*
Envoyez-m'en.   *Send me some.*

Remarquez que ces pronoms se rattachent au verbe par un trait d'union. **Me** et **te** deviennent les formes toniques **moi** et **toi** tandis que **le** ne change pas. Devant **en** on écrit **m'** et **t'**.

Quand un impératif sans négation a deux pronoms personnels objets, l'un direct, l'autre indirect, on place le pronom objet direct avant l'autre :

Dites-le-moi. Envoyez-les-lui.

EXERCICE A.   *Dans les phrases suivantes mettez les verbes à l'impératif négatif.*
MODÈLE   Nous n'y pensons plus.
     N'y pensons plus.

1. Vous ne nous en envoyez plus.
2. Tu ne les lui expliques pas.
3. Nous ne leur répondons pas.
4. Tu ne me regardes pas.
5. Nous ne la cherchons plus.
6. Vous ne vous couchez pas.
7. Tu n'y vas plus.

EXERCICE B.   *Mettez à l'impératif.*
MODÈLE   Vous lui obéissez.
     Obéissez-lui.

1. Tu nous réponds.
2. Vous les regardez.
3. Nous lui donnons quelque chose.

St-Flour — le vieux quartier, rue des Tuiles

4. Tu te lèves de bonne heure.
5. Vous m'en donnez.
6. Nous leur envoyons cela.
7. Vous lui en offrez.

EXERCICE C.   *Remplacez les noms par les pronoms qui conviennent.*
MODÈLE   Expliquez-lui la différence.
            Expliquez-la-lui.

1. Expliquez-moi ces choses.
2. Envoyez-leur cette carte.
3. Demandons-lui des renseignements.
4. Dites-moi de beaux mensonges.

5. Achetez-lui cette guitare.
6. Apportez-nous des photos.
7. Pardonnez-lui cette faute.

Continuez l'exercice mais en répondant négativement.
MODÈLE   Ne lui donnez pas ce poison.
          Ne le lui donnez pas.

8. Ne parlez pas de cet incident.
9. Ne leur envoyons plus nos rapports.
10. N'allez pas dans cette maison.
11. Ne me dites plus de mensonges.
12. Ne vous moquez pas de mes souffrances.
13. Ne donnez pas ces photos aux enfants.

EXERCICE D.   *Répondez par une phrase à l'impératif en suivant le modèle.*
MODÈLE   Tu dois lui en donner.
          Donne-lui-en.

          Tu ne dois pas lui en donner.
          Ne lui en donne pas.

1. Nous devons lui dire la vérité.
2. Vous devez vous en souvenir.
3. Nous ne devons pas leur en parler.
4. Tu dois me les acheter.
5. Vous ne devez pas vous asseoir.
6. Tu dois t'en aller.
7. Nous devons le lui offrir.
8. Vous ne devez pas vous y soumettre.

47. **Les pronoms interrogatifs** *qui, qui est-ce qui, qu'est-ce qui*

Si la question porte sur le sujet du verbe, on emploie **qui** ou **qui est-ce qui** s'il s'agit d'une personne (*who?*), ou **qu'est-ce qui** s'il s'agit d'une chose (*what?*) :

Le sujet est une personne	pronom interrogatif
Le docteur lui a donné ce médicament.	**Qui** lui a donné **ce** médicament? **Qui est-ce qui** lui a donné ce médicament?
Mon père lisait le journal.	**Qui** lisait le journal? **Qui est-ce qui** lisait le journal?
Le sujet est une chose	pronom interrogatif
Cette voiture ne marche pas.	**Qu'est-ce qui** ne marche pas?
Ces nouvelles m'ennuient.	**Qu'est-ce qui** vous ennuie?

Ces pronoms sont toujours suivis d'un verbe au singulier.

Qui et **qui est-ce qui** sont équivalents. Il n'y a pas de forme courte pour remplacer **qu'est-ce qui**, sauf dans certaines constructions de la langue écrite où le verbe est employé impersonnellement:

LANGUE ÉCRITE: Que s'est-il passé?
LANGUE PARLÉE: Qu'est-ce qui s'est passé?

LANGUE ÉCRITE: Qu'arrive-t-il?
LANGUE PARLÉE: Qu'est-ce qui arrive?

EXERCICE A. *Remplacez le sujet par le pronom interrogatif* **qui est-ce qui** *ou* **qu'est-ce qui** *selon le cas.*
MODÈLE   L'étranger nous a demandé l'hospitalité.
    Qui est-ce qui nous a demandé l'hospitalité?

1. Mon frère passe l'après-midi au bistrot.   2. Mon cœur est resté jeune.   3. Le père affirme son autorité.
4. L'existence devient de plus en plus absurde.   5. La guerre des nerfs commence.   6. Son amant la pousse au suicide.   7. Le chaos se répand sur la terre.   8. Mon ami se moque du bien-être matériel.   9. Votre visage lui déplaît.   10. Ce déjeuner l'a rendu malade.

EXERCICE B. *Traduisez en français.*

1. Who spoke to you? 2. What woke me up? 3. Who
is waiting for the director? 4. What will take place
tomorrow? 5. What's making that noise? 6. Who
invited you? 7. What will happen at the ceremony?
8. Who is looking at us? 9. What amuses you so much?
10. Who gave you this advice?

48. Les pronoms interrogatifs *qui, qui est-ce que, que, qu'est-ce que*

Si la question porte sur le complément direct du verbe, on
emploie **qui**, ou **qui est-ce que** s'il s'agit d'une personne
(*whom . . .?*) et **que** ou **qu'est-ce que** s'il s'agit d'une chose
(*what . . .?*) :

complément de personne	pronom interrogatif
Je regardais **la fille aux yeux bleus**.	**Qui** regardiez-vous? **Qui est-ce que** vous regardiez?
Ils ont interrogé **le chef du parti**.	**Qui** ont-ils interrogé? **Qui est-ce qu'**ils ont interrogé?

complément de chose	pronom interrogatif
On lui a donné **ce médicament**.	**Qu'est-ce qu'**on lui a donné? **Que** lui a-t-on donné?
Il voulait **du vin blanc**.	**Qu'est-ce qu'**il voulait? **Que** voulait-il?
Son père lisait **le journal**.	**Qu'est-ce que** son père lisait? **Que** lisait son père?

Qui est-ce que et **qu'est-ce que** s'emploient surtout dans la conversation. **Qui** et **que** nécessitent l'inversion du verbe et du pronom sujet. Avec **que** il faut faire aussi l'inversion du nom sujet:

> Que cherche votre ami?
> Que disait le professeur?

EXERCICE A. *Remplacez le complément direct par la forme convenable du pronom interrogatif* (**qu'est-ce que** *ou* **qui est-ce que** *selon le cas*).

MODÈLE Ils ont provoqué cette révolte.
> *Qu'est-ce qu'ils ont provoqué?*

> Il a provoqué cet homme.
> *Qui est-ce qu'il a provoqué?*

1. Nous connaissons ce parasite.
2. Elle adore ce jeune artiste.
3. Il essaye de dominer son orgueil.
4. Vous attendez la fin.
5. Nous cherchons le président du conseil.
6. Il va dissiper vos illusions.
7. On attend le directeur de publicité.
8. Nous avons invité l'auteur.
9. Il faut améliorer cet état de choses.

EXERCICE B. *Traduisez en français.*

1. What are you looking for? 2. Whom are you looking for? 3. What are you looking at? 4. What are you doing? 5. Whom did you see? 6. Whom did you invite? 7. What are you eating?

EXERCICE C.
MODÈLE L'enfant demande quelque chose.
> *Que demande l'enfant?*

1. Les étudiants font quelque chose. 2. Votre mère cache son chagrin. 3. Vos amis attendent l'autobus. 4. Ce mendiant attend une aumône. 5. Les souris mangent le grain. 6. Albert traduisait un exercice.

49. L'emploi des pronoms interrogatifs après une préposition

Après une préposition, on emploie **qui** pour désigner une personne et **quoi** pour désigner une chose :

A qui avez-vous parlé ?
A qui est-ce que vous avez parlé ?

Avec qui êtes-vous sorti ?
Avec qui est-ce que vous êtes sorti ?

De quoi avez-vous parlé ?
De quoi est-ce que vous avez parlé ?

Avec quoi ferez-vous mon sandwich ?
Avec quoi est-ce que vous ferez mon sandwich ?

Remarquez qu'à la différence de l'anglais, la préposition doit toujours se placer au début de la phrase :[1]

A qui parliez-vous ?
A qui est-ce que vous parliez ?   *Who(m) were you talking to?*

Dans la langue familière on peut dire :

Vous parliez **à** qui ?

EXERCICE A.   *Remplacez le complément de la préposition par le pronom interrogatif qui convient.*
MODÈLE   Elle a envie d'un bracelet.
De quoi a-t-elle envie ?

Il parlait à Jean.
A qui parlait-il ?

---

[1] Et, d'une manière analogue, devant le pronom relatif :

Je ne sais pas **à qui** il parlait.   *I don't know who(m) he was talking to.*

1. Nous avons parlé de Jean-Paul Sartre.
2. Nous avons parlé de l'existentialisme.
3. Elle est sortie avec son parapluie.
4. Elle est partie avec les enfants.
5. Il écrit sur le marxisme.
6. Il écrit sur Karl Marx.
7. Elle se moque des valeurs bourgeoises.
8. Elle se moque de ses parents.
9. Il s'agit de mon bonheur.
10. Il s'agit de mon amie.
11. Il s'est arrêté devant le tableau.
12. Il s'est arrêté devant le peintre.
13. Il s'intéresse au cœur de l'homme.
14. Il s'intéresse à la danseuse.
15. Elle avait besoin d'un livre.
16. Elle avait besoin de ses amis.

50. *Lequel, laquelle* **interrogatifs**

Lequel, laquelle (*which one*) et leurs formes plurielles (*which ones*) s'emploient pour remplacer l'adjectif interrogatif **quel** suivi d'un nom :

> Quel parfum préférez-vous ?
> Lequel préférez-vous ?
> Lequel de ces parfums préférez-vous ?

Si le verbe s'emploie avec une préposition, celle-ci se place au début de la phrase :

> Avec quel stylo écrit-il ?
> Avec lequel écrit-il ?

Après les prépositions **à** et **de**, lequel, lesquels, lesquelles deviennent auquel, auxquels, auxquelles ; duquel, desquels, desquelles :

> Voici des livres ; desquels avez-vous besoin ?
> Auxquelles de ces femmes parlait-il ?

EXERCICE.   *Transformez les phrases suivantes en suivant le modèle.*

MODÈLE   Quelle voiture va-t-il acheter?
          Laquelle va-t-il acheter?

1. Quelle chambre est-ce que je vais occuper?   2. Devant quelle vitrine s'est-il arrêté?   3. A quels jeux aimez-vous jouer?   4. Quel secret a-t-elle révélé?   5. De quelle histoire vous souvenez-vous?   6. A quels tableaux vous intéressez-vous?   7. De quel document s'agit-il?   8. A quelles expériences réfléchissait-il?   9. De quels avantages va-t-il bénéficier?   10. Avec quelle opinion êtes-vous d'accord?

51. *Qu'est-ce que c'est que*

Qu'est-ce que c'est que s'emploie pour traduire *What . . .?* lorsqu'on attend comme réponse une définition ou un éclaircissement.

Qu'est-ce que c'est qu'un chauvin?   *What is a chauvinist?*
Qu'est-ce que c'est que cela?   *What is that?*

Dans la langue écrite on emploie une forme plus brève:

Qu'est-ce que le classicisme?

EXERCICE.
MODÈLE   C'est la vérité.
          Qu'est-ce que c'est que la vérité?

1. C'est la mort.
2. C'est un poème.
3. C'est un existentialiste.
4. C'est une soucoupe volante.
5. C'est l'amour.
6. C'est la vie.

52.   **Les pronoms relatifs** *qui* **et** *que*

Le pronom relatif introduit une proposition qui qualifie un nom ou un pronom. Le pronom ou nom ainsi qualifié peut être une personne ou une chose et s'appelle un antécédent :

Voilà un **aspect que** nous avons négligé.

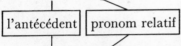

C'est le **directeur qui** m'a dit cela.

Qui s'emploie si le pronom relatif est le sujet du verbe de la proposition relative :

C'est le directeur **qui** m'a dit cela. (Le directeur m'a dit cela.)
C'est une situation **qui** m'inquiète beaucoup. (Cette situation m'inquiète beaucoup.)

Que s'emploie si le pronom relatif est le complément direct du verbe de la proposition relative :

C'est la femme **que** j'adore. (J'adore **cette femme**.)
C'est un livre **que** j'ai lu. (J'ai lu **ce livre**.)

Que se contracte en **qu'** devant une voyelle, tandis que **qui** ne se contracte jamais :

C'est une hypothèse **qu'on** a rejetée.
C'est M. Baril **qui** a rejeté cette hypothèse.

En français on fait souvent l'inversion du sujet et du verbe après **que** ou **qu'** :

Le liquide **que contient cette bouteille**... *The liquid that this bottle contains* . . .

Berger monté sur échasses avec son troupeau dans les Landes

Le rôle **qu'a joué l'université** dans ces développements...
The role that the university played . . .

En anglais on peut supprimer le pronom relatif complément du verbe:

He's the man I saw (or, whom I saw).
That's the book she bought (or, that she bought).

En français il faut toujours employer le pronom relatif:

C'est l'homme **que** j'ai vu.
Voilà le livre **qu'**elle a acheté.

EXERCICE A. *Transformez les phrases suivantes selon les modèles.*

MODÈLE   Je déteste cet homme. (complément)
C'est un homme que je déteste.

Cet homme me déteste. (sujet)
C'est un homme qui me déteste.

1. J'ai lu ce livre.
2. Ce livre m'intéresse beaucoup.
3. Nous avons perdu la bataille.
4. Je ne connais pas cet homme.
5. La nouvelle se répand partout.
6. Nous avons dissipé une illusion.
7. Vous avez provoqué une révolte.
8. Ma cousine chantait.
9. Cette solution semble la meilleure.
10. Ce livre coûte cher.

EXERCICE B. *Employez* **qui** *ou* **que** *selon le cas.*

1. Les spécialistes _____ nous avons consultés ne sont pas d'accord.
2. Le chat _____ a été placé dans la fusée est revenue en bonne santé.
3. Les preuves _____ j'ai examinées suggèrent une autre interprétation.

4. Le livre _____ explique ce mécanisme est bien connu.
5. C'est M. Rivière _____ nous avons accusé.
6. C'est une expérience _____ doit être interprétée avec précaution.
7. La décision _____ vous avez prise me semble mauvaise.
8. Les discussions _____ ont eu lieu à Paris n'ont pas abouti.
9. C'est M. Bonnefoi _____ on a choisi comme représentant.
10. C'est une approche théorique _____ a été abandonnée.

EXERCICE C.   *Traduisez en anglais.*

1. La vallée que traverse le vent du nord...
2. Les objets qu'ont trouvés les archéologues...
3. Les problèmes que soulèvent ces tendances...
4. Les discussions qui ont ouvert la voie à la collaboration...
5. Une tendance que combat notre groupe...
6. Une tendance qui menace notre groupe...
7. Les débats que provoquent ces faits nouveaux...
8. Les éclaircissements qu'ont demandés les sénateurs...
9. Les éclaircissements qui ont été demandés aux sénateurs...
10. Une théorie qu'établissent les savants russes...

EXERCICE D.   *Complétez les phrases suivantes.*

1. Voilà un livre que... 2. C'est une idée qui...
3. Il s'agit de la voiture que... 4. Vous connaissez M. Einstein qui... 5. Je déteste les gens qui... 6. Tu as vu les objects que... 7. C'est un professeur que...
8. Nous avons vu un singe qui... 9. C'est un problème que...

53. *Dont* et les pronoms relatifs compléments de prépositions

Après une préposition, on emploie **qui** s'il s'agit de personnes, **lequel** (**laquelle, lesquels, lesquelles**) s'il s'agit de choses:

> Voilà **la dame à qui** je voudrais vous présenter.
> Regardez, c'est **le garçon avec qui** je travaille.
> Tu connais **la jeune fille pour qui** il a acheté cette écharpe?

> Voilà **le mur sur lequel** j'ai affiché ma proclamation.
> C'est **un régime auquel** il faut résister.
> C'est **la clef avec laquelle** j'ai ouvert la porte.
> Ce sont **les tableaux auxquels** vous vous intéressez?

Remarquez la contraction de la préposition **à** avec **lequel, lesquels, lesquelles** (**auquel, auxquels, auxquelles**).

La forme **dont** s'emploie lorsque le pronom relatif est complément d'un verbe (ou d'une locution) qui se construit avec la préposition **de**:

> Voilà la machine **dont** j'ai besoin. (J'ai besoin **de** la machine.)
> C'est la jeune fille **dont** je vous ai parlé. (Je vous ai parlé **de** la jeune fille.)
> Voilà Roger, **dont** le père vient de mourir. (Le père **de** Roger vient de mourir.)

Remarquez la différence entre cette phrase et son équivalent en anglais:

> *There's Roger, whose father just died.*

L'article défini ne s'emploie pas dans la phrase anglaise; il s'emploie toujours en français.

Dont ne s'emploie pas si la préposition **de** fait partie d'une locution prépositive composée, telle que : **au bout de, au cours de, à côté de, près de**, etc. :

C'était **une vie au cours de laquelle** il a beaucoup souffert.

C'est dans **une rue au bout de laquelle** se trouve une maison mystérieuse.

Voilà une femme **auprès de qui** j'aurais aimé vivre.

EXERCICE A.   *Remplacez les mots entre parenthèses par le pronom relatif qui convient.*

MODÈLE   C'est un danger/il faut réfléchir (à ce danger).

C'est un danger auquel il faut réfléchir.

1. C'est une tentation/il a succombé (à cette tentation).
2. Ce sont les outils/je fais mon travail (avec ces outils).
3. Il y a eu un moment/elle a souri gentiment (après ce moment).
4. Il est tombé dans une méditation/ses pensées se combattaient (pendant cette méditation).
5. Je trouve déplaisant la froideur scientifique/il examine ses sentiments (avec cette froideur).

EXERCICE B.

MODÈLE   C'est une femme/il a souvent parlé (de cette femme).

C'est une femme dont il a souvent parlé.

1. C'est une situation/personne ne peut profiter (de cette situation).
2. Il s'agit d'un fait/je ne suis pas sûr (de ce fait).
3. Tu ne peux pas imaginer la douleur/elle est affligée (de cette douleur).
4. Voilà Roland/la mère (de Roland) est folle.
5. Voilà l'église/je demeurais (à côté de cette église).
6. C'était un soir/j'ai beaucoup réfléchi (au cours de ce soir).

EXERCICE C. *Exercice de synthèse. Mettez dans chaque phrase le pronom relatif qui convient* (**qui**, **que**, **lequel**, **dont**, **à qui**, *etc.*):

1. Les livres ——————— j'avais besoin...
2. La jeune fille à ——————— tu parlais...
3. Une situation contre ——————— je vais protester...
4. Une voiture ——————— vient d'écraser un piéton...
5. Une obsession à ——————— il sacrifie tout...
6. Une planche sur ——————— il faut marcher...
7. Des objets ——————— personne n'achètera.
8. Un silence pendant ——————— il me regardait...
9. Un problème ——————— résoudront nos collègues...
10. Les amis avec ——————— je sors...
11. Les différences ——————— on nous a signalées...
12. Une amie ——————— tu as fait la connaissance...
13. Le sentiment ——————— il obéissait...
14. L'objectivité avec ——————— il regardait les malheureux...

54. *Ce qui, ce que, ce dont*

Si l'antécédent est une idée ou une chose qu'on ne précise pas, on la représente par le pronom neutre **ce**:

> C'est **ce que** vous vouliez. (C'est-à-dire, **la chose** que vous vouliez, **l'objet** que vous vouliez, etc.)
> Voilà **ce qui** m'inquiète le plus. (C'est-à-dire, **la chose** qui m'inquiète, **la situation** qui m'inquiète, etc.)
> **Ce dont** j'ai besoin, c'est de patience. (C'est-à-dire, **la chose** dont j'ai besoin, **la qualité** dont j'ai besoin, etc.)

Cette construction correspond à celle de l'anglais *what* dans des phrases telles que: *That's* what *I want*; *That's* what *bothers me*; *That's* what *I need*. Par la structure elle se rapproche de l'anglais *that which*.

L'expression anglais *everything that* s'exprime en français par **tout ce qui**, **tout ce que**, ou **tout ce dont** selon le cas.

Tout ce que vous dites me déprime terriblement.
Voilà **tout ce qui m'est arrivé** hier.
C'est **tout ce dont vous pourrez avoir besoin**.

EXERCICE A.   *Transformez les phrases en suivant le modèle.*
MODÈLE   Voilà la chose qu'il a achetée.
          Voilà ce qu'il a acheté.

1. Voilà l'aspect qui m'intéresse le plus.
2. La chose dont j'ai besoin c'est de repos.
3. La situation dont il s'agit n'est pas importante.
4. Je n'accepterai pas les choses que vous avez rejetées.
5. Je ne vois pas l'objet dont vous parlez.
6. Le détail que vous avez signalé est très important.
7. Voilà une situation que vous avez provoquée.

EXERCICE B.   *Traduisez en français.*

1. It's what I saw.   2. Do you know what is making that noise?   3. Do you understand what happened?
4. We don't know everything that he says to her.
5. Everything that I saw was ridiculous.   6. What you claim to have done is impossible.   7. Do you have everything you need?   8. I don't see what you mean.
9. He knows what he has to do.

55. Les pronoms démonstratifs: *celui, celle; ceux, celles*

Les pronoms démonstratifs remplacent un nom dans un sens démonstratif:

MASC. SING:	Quel livre voulez-vous?
	Celui-ci (ce livre-ci).
FÉM SING.:	Quelle clef faut-il?
	Celle-là (cette clef-là).

MASC. PL.:   Lesquels de ces hommes vous sont connus?
             Ceux-là (ces hommes-là).
FÉM. PL.:   Lesquelles de ces fleurs préférez-vous?
             Celles-ci (ces fleurs-ci).

Celui-ci ou **celle-ci** se rapporte à la personne ou à la chose qui a été mentionnée en dernier dans une série:

> J'ai fait la connaissance de MM. Rivière, Hublon, Péret et Cottard. Celui-ci (M. Cottard) m'a particulièrement impressionné.

Ces pronoms s'emploient aussi comme l'équivalent de l'anglais *the former, the latter:*

> Je vous présente Mme Duclos et Mlle Vanterre. Celle-ci (Mlle Vanterre) est actrice; celle-là (Mme Duclos) ne fait rien.

Quand ces pronoms ne sont pas suivis de **-ci** ou **-là**, ils doivent être suivis d'une préposition + un nom ou d'un pronom relatif (qui, que, dont, etc.):

> Quel livre préférez-vous?

Je préfère
$\begin{cases} \text{celui de votre ami (le livre de votre ami).} \\ \text{celui que tu m'as donné (le livre que tu...).} \\ \text{celui qui a gagné le prix (le livre qui...).} \\ \text{celui dont tu m'as parlé (le livre dont...).} \end{cases}$

EXERCICE A.

MODÈLE   Cet avion-là va à Londres.
        Celui-là va à Londres.

1. Ces fleurs-ci sont fanées.
2. Je préfère ces petits pains-là.
3. Prenez cet article-là.
4. Je dois prendre ce train-là.
5. Que pensez-vous de cette machine-là?

6. Donnez-moi ces objets-ci.
7. Je n'aime pas ce château-là.
8. Il s'agit de cette clef-ci.
9. Ces modèles-là sont nouveaux.
10. Tu lis ces revues-là?

EXERCICE B.
MODÈLE   Voilà les bijoux qu'il a vendus.
Voilà ceux qu'il a vendus.

1. C'est le cousin qui habite à Paris.
2. Voilà la machine dont il parlait.
3. Donnez-moi les lettres de vos parents.
4. C'est le chien de mon voisin.
5. Est-ce que c'est la fille que vous aimez?
6. Je plains les hommes qui ne savent pas danser.
7. Vous avez les documents dont il s'agit?
8. Je préfère la robe que vous portiez hier.
9. Je n'aime pas les femmes qui boivent trop.
10. Voilà le secret de M. Bonnard.

56. *Ceci, cela*

Si le pronom démonstratif ne se rapporte pas à un nom particulier, ou s'il se rapporte à quelque chose qui n'a pas été nommé, on emploie **ceci** (*this*) ou **cela** (**ça** dans la langue parlée) (*that*):

Cela m'est égal.
Cela suffit.
Vous comprenez cela?
Pourquoi faites-vous cela?

Devant le verbe **être**, *this/that* s'exprime par **ce**:

C'est votre avis.   *That's your opinion.*
C'est un grave défaut.   *That's a serious fault.*
C'est ce que je voulais.   *That's what I wanted.*

Sur la route en Provence

Mais si l'on veut insister sur la valeur démonstrative du pronom on peut employer **ceci** ou **cela** :

> Ceci est très important.   This *is very important.*
> Cela est impardonnable.   That *is unforgivable.*

La distinction entre *this/that* étant plutôt faible en français, dans la langue parlée on remplace **ceci** et **cela** par **ça** :

> Donnez-moi ça, ça et ça.
> Ça n'existe pas.
> Il ne faut pas penser à ça.

> Et avec ça, monsieur.   *Anything else, sir?*

Dans la langue familière, au commencement ou à la fin d'une phrase, **ça** s'emploie pour mettre en valeur **ce** précédant le verbe **être** :

> C'est très important, ça.   That's *very important.*
> Ça c'est dégoûtant.   That's *disgusting.*

Remarquez aussi l'expression :

> Qu'est-ce que c'est que **ça** ?   *What's that?*

EXERCICE.   *Traduisez.*

> 1. Why did you buy this?   2. That is true.   3. Don't you see that?   4. Why do you do this?   5. That's unjust.   6. That bothers me.   7. We don't need this. 8. Without that, we can't succeed.

57. **Les pronoms possessifs**

Le pronom possessif remplace un nom précédé de l'adjectif possessif :

> Il a son opinion, et moi, j'ai **la mienne** (c'est-à-dire, mon opinion à moi).

Votre essai est plus intéressant que **le sien** (c'est-à-dire, son essai à lui).

singulier		*pluriel*	
Mon livre	le mien	Mes livres	les miens
Ma femme	la mienne	Mes amies	les miennes
Ton journal	le tien	Tes journaux	les tiens
Ta voiture	la tienne	Tes voitures	les tiennes
Son enfant	le sien	Ses enfants	les siens
Sa famille	la sienne	Ses idées	les siennes
Notre sac	le nôtre	Nos sacs	les nôtres
Notre église	la nôtre	Nos églises	les nôtres
Votre ennemi	le vôtre	Vos ennemis	les vôtres
Leur parfum	le leur	Leurs parfums	les leurs
Leur action	la leur	Leurs actions	les leurs

Prononciation: remarquez la différence de prononciation entre **votre** et **vôtre, notre** et **nôtre**:

votre amie	/vɔtrami/	**o** ouvert	(p**o**ste, r**o**be)
la vôtre	/lavotrə/	**o** fermé	(b**eau**, gr**os**)

Pour affirmer la simple possession, on emploie le verbe **être** + la préposition **à** suivi d'un nom ou d'un pronom:

A qui est ce livre? Il **est à moi.**

L'expression anglaise *a friend of mine* s'exprime en français par **un de mes amis** ou **un ami à moi.**

EXERCICE A.   *Remplacez le nom par un pronom possessif.*
MODÈLE   Voilà ma chaise.
       Voilà la mienne.

1. Voilà tes amis.   2. Voilà notre journal.   3. Voilà vos enfants.   4. Voilà mon frère.   5. Voilà ta composition.   6. Voilà son idée.   7. Voilà leurs exemples.   8. Voilà votre chapeau.   9. Voilà leur stylo.

EXERCICE B. *Remplacez le nom souligné par un pronom possessif.*
MODÈLE   Vous avez vos illusions; nous avons nos illusions.
    Vous avez vos illusions; nous avons les nôtres.

   1. Je n'aime pas ma famille; Robert adore sa famille.
   2. Son roman avait plus de succès que mon roman.
   3. Je n'ai pas de clef; voulez-vous me donner votre clef?
   4. Ton frère travaille plus que son frère.
   5. Notre famille est plus gaie que leur famille.
   6. Je connais mieux vos habitudes que ses habitudes.
   7. Voilà mes principes; quels sont vos principes?
   8. J'ai mes idées; ils ont leurs idées.
   9. Il suit son régime; tu devrais suivre ton régime.
  10. M. Jeanson annonce sa candidature; M. Linzé annoncera sa candidature.

EXERCICE C.   *Répondez affirmativement.*

   1. Ce livre est-il à vous?
   2. J'ai mon billet. Vous avez le vôtre?
   3. Cet objet est à moi?
   4. C'est une question de point de vue. Vous comprenez le mien?
   5. Je préfère mes idées. Vous préférez les vôtres?
   6. Cette radio est-elle à M. Chalaud?
   7. Ils ont leurs cahiers. J'ai les miens? Vous avez les vôtres?

58. Les pronoms possessifs après les prépositions `à` et *de*

Comme l'article défini s'emploie régulièrement avec les pronoms possessifs, il se contracte comme à l'ordinaire après les prépositions **de** et **à**:

   J'ai peur de mes ennemis. Tu n'as pas peur **des tiens**?
   Vous avez besoin de votre dictionnaire; j'ai besoin **du mien**.
   Il parlait à ses amis; ils parlaient **aux leurs**.

EXERCICE. *Complétez les phrases suivantes selon le modèle.*
MODÈLE J'ai peur de mon père; vous avez peur **du vôtre**.

1. Je pense à mon destin; il pense _____.
2. Tu as besoin de tes illusions; elles ont besoin
_____.
3. Il écrira à sa sœur; vous écrirez _____.
4. Vous réfléchissez à vos expériences; je réfléchis
_____.
5. Je me souviens de mon enfance; tu te souviens
_____.
6. Il triomphe de son adversaire; nous triomphons
_____.
7. Vous pardonnez à vos ennemis; ils ne pardonnent
jamais _____.
8. Tu restes fidèle à tes traditions; moi, je reste fidèle
_____.

59. Les pronoms personnels toniques

Les pronoms toniques sont: **moi**, **toi**, **lui**, **elle**; **nous**, **vous**,
eux et **elles**. On les emploie:

1. indépendamment du verbe.

> Qui est là? **Moi**.
> Qui a fait ça? **Lui**.

2. après une préposition.

> Allez-y **avec eux**.
> Il doit acheter quelque chose **pour elle**.

3. après **ce** + **être**.

> C'est **lui**.
> Ce sont **eux**.

4. suivis de **-même**, dans le sens de *myself, yourself,* etc.

> Je vais le faire **moi-même**.

5. quand le verbe a plusieurs sujets ou compléments.

> **Lui et moi,** nous y allons demain.
> **Toi et elle,** vous ferez ce que je dis.
> Je vous connais, **toi et tes amis**.
> **Lui et elle** ne viennent plus.

Remarquez qu'à la troisième personne, on emploie les formes toniques seules; aux première et deuxième personnes, on ajoute **nous** et **vous** devant le verbe.

6. pour mettre en valeur un pronom sujet ou objet.

> **Moi,** je reste ici.
> Il te parlait à **toi**, pas à **lui**.
> **Eux** n'en savent rien.
> Ce n'est pas **elle** qui est responsable.

EXERCICE A. *Remplacez les noms par les pronoms qui conviennent.*
MODÈLE   Je suis d'accord avec le patron.
          Je suis d'accord avec lui.

1. Voyez-vous la différence entre les deux hommes?
2. Quant à mon frère, il ne s'y intéresse plus.
3. Je compte sur mes amis.
4. Il s'est arrêté devant ma femme.
5. Je passe mes vacances chez mes grand-parents.
6. Nous allons à Londres avec nos cousines.
7. Il faudra commencer sans la directrice.
8. Je vais acheter un cadeau pour mon neveu.

EXERCICE B. *Répondez en employant les pronoms qui conviennent.*

MODÈLE   Tu es d'accord avec moi?
         Oui, je suis d'accord avec toi.

1. Vous comptez sur moi?
2. Avez-vous acheté ça pour votre fils?
3. Avez-vous confiance en vos parents?
4. Tu y vas avec moi?
5. Tu as dansé avec cette belle femme?
6. Tu as de l'argent sur toi?
7. On va penser à nous?

EXERCICE C. *Transformez les phrases suivantes de manière à mettre en valeur le pronom sujet.*

MODÈLE   Je parle.
         C'est moi qui parle.

1. Il a trouvé la solution.
2. Nous avons fait le gros du travail.
3. Tu l'as assassiné.
4. Ils ont observé ces phénomènes.
5. Vous y avez pensé le premier.
6. Elle a refusé la demande.

EXERCICE D. *Reliez les phrases suivantes en vous conformant au modèle.*

MODÈLE   Je vais à Paris / elle va à Paris.
         Elle et moi nous allons à Paris.

1. Je lui parle / tu lui parles.
2. Elle n'est pas d'accord / il n'est pas d'accord.
3. Tu es content / elle est contente.
4. Il semble très fatigué / elle semble très fatiguée.
5. J'ai cherché Albert / j'ai cherché son amie.
6. Il m'a parlé / il t'a parlé.

l'article, l'adjectif, l'adverbe

60. L'article défini

	masculin	*féminin*
singulier	le problème l'institut l'hôtel	la solution l'expérience l'heure
pluriel	les problèmes les instituts les hôtels	les solutions les expériences les heures

Il n'y a qu'une seule forme du pluriel de l'article, mais deux manières de la prononcer:

/le/   devant une consonne: les problèmes
                                   les solutions
/lez/   devant une voyelle ou un **h** muet: les‿instituts
                                              les‿heures

Devant un **h** aspiré, on maintient la voyelle de l'article et l'on ne fait pas la liaison au pluriel:

le hasard   /lə azar/   les hasards   /le azar/
la harangue   /la arãg/   les harangues   /le arãg/

Note: La lettre **h** ne représente jamais aucun son. La différence entre l'**h muet** et l'**h aspiré** n'apparaît qu'à l'intérieur d'un groupe de mots. Si l'**h** est muet, il y a élision ou

Convergences culturelles

liaison: l'histoire, les histoires. Si l'**h** est aspiré, il n'y a ni
élision ni liaison: la hiérarchie, les|hiérarchies. Les mots qui
commencent par un **h** aspiré sont indiqués dans les diction-
naires par un astérisque (*) ou une dague (†): *hache, *haie,
*hanche, *hangar, *haricot, *hauteur, etc.

EXERCICE A.　*Mettez l'article défini à la place de l'article
indéfini.*
MODÈLE　un hôtel
　　　　　l'hotel

　　un château　/　un cours　/　une enveloppe　/　un
　　objet　/　une télévision　/　un chef　/　une ange　/
　　une hache　/　une hypothèse　/　un acte　/　un héros

EXERCICE B.　*Mettez l'article pluriel à la place du singulier.*
MODÈLE　le parfum
　　　　　les parfums

la fenêtre / le groupe / l'institut / l'hypocrite /
l'étudiant / le haricot / le chagrin / l'église /
l'héritage / la harpe

EXERCICE C.   *Mettez l'article singulier à la place du pluriel.*

MODÈLE   les groupes
     le groupe

les enfants / les femmes / les professeurs / les
tables / les églises / les hypocrites / les hauteurs
les auteurs / les harpistes / les humoristes / les
colonels

61. L'emploi de l'article défini

L'article défini s'emploie comme l'article anglais *the*:

> Voilà **le** tableau que j'ai acheté.   *There's the picture I*
> *bought.*

Mais, à la différence de l'anglais, l'article défini s'emploie:

1. pour donner au nom un sens général ou abstrait.

> **Les hommes** sont mortels.   *(All) men are mortal.*
> **Le lait** vous fait du bien.   *Milk (as a rule) is good*
> *for you.*
> Je déteste **le vin blanc.**   *I hate white wine (generally*
> *speaking).*
> **L'injustice** me révolte.   *Injustice revolts me.*
> **La science** m'attire autant que **la poésie.**   *Science*
> *attracts me as much as poetry.*

2. devant les noms de pays.

> **La Russie** est un grand pays; **le Japon** est rela-
> tivement petit.

Note: Les pays dont le nom se termine par un **e** muet sont du féminin, sauf **le Mexique**. Toute autre terminaison indique que le nom est du genre masculin. Ainsi on dit: la Suisse, la Belgique, la France; mais le Portugal, le Danemark, le Canada, le Brésil, etc.

3. devant les noms de langues, mais on omet l'article après le verbe **parler** et souvent après la préposition **en**:[1]

> **Le grec** est difficile. Je ne comprends pas **le japonais**.
> Chez nous, on **parle français**, mais on écrit **en anglais**.

Note: Les noms de langues sont du masculin.

4. devant un nom de personne précédé d'un titre ou d'un adjectif.

> **Le docteur Tessier** aime beaucoup **la petite Marie**.

5. devant le nom des jours de la semaine, si l'on veut indiquer la répétition.

> **Le samedi** je me lève tard. *On Saturdays I (regularly) get up late.*
> Il travaille **le lundi**. *He works Mondays.*

Autrement, on omet l'article.

> Il va téléphoner **mardi**. *He's going to call on Tuesday.*
> Venez me voir **vendredi**. *Come and see me Friday.*

---

[1] sauf les exceptions notées. Voir paragraphe 62.

6. devant le nom des divisions de la journée pour traduire les locutions anglaises *in the morning, in the evening, in the afternoon.*

> Je travaille **le matin**, je dors **l'après-midi**, je m'amuse **le soir**. *I work in the morning, I sleep in the afternoon, I have fun in the evening.*

EXERCICE A. *Répondez en suivant le modèle.*
MODÈLE vin
   Le vin coûte plus cher cette année.

bière / service de téléphone / plaisirs / cours universitaires / yachts / chirurgie esthétique / nourriture

EXERCICE B. *Répondez en suivant le modèle.*
MODÈLE Que pensez-vous de la guerre?
   Je n'aime pas la guerre.

Que pensez-vous de la pollution de l'atmosphère? / de la télévision / du communisme / des films italiens / de la publicité / des cafards / de l'établissement industriel

EXERCICE C. *Répondez en suivant le modèle.*
MODÈLE Voulez-vous une glace?
   Oui, j'ai toujours aimé les glaces.

Voulez-vous un cigare? / un chat / du vin rouge / du gruyère / de l'argent

EXERCICE D. *Traduisez en français.*

1. What do you do in the morning?   2. What are you doing Friday?   3. This is the country of liberty, equality and brotherhood.   4. I don't understand Greek, but I know that Greece is a beautiful country.   5. I admire ambitious women.   6. Dr. Dubos has gone to see Professor Mornet.

EXERCICE E. *Parlez de ce que vous aimez et de ce que vous n'aimez pas, en nuançant vos affirmations (j'aime beaucoup, je n'aime pas beaucoup, je n'ai jamais aimé, j'ai toujours détesté, etc.). La liste suivante vous servira de point de départ dans le choix d'un sujet : les bains froids, les défilés militaires, les caniches, les festivals de rock, la vie communale, la politique, les serpents, les petites voitures très puissantes, les fleurs artificielles, le sport, le calme, les films danois.*

62. L'omission de l'article défini

On omet l'article défini :

1. devant un nom en apposition (en anglais on emploie l'article).

   > M. Clos, chef de notre groupe...   *Mr. Clos, the leader of our group . . .*

2. devant les titres de monarques ou de papes. Ici aussi on emploie l'article en anglais :

   > Louis Quinze.   *Louis the Fifteenth.*
   > Innocent Trois.   *Innocent the Third.*

3. après la préposition **en**

   > Allons **en Espagne.**
   > Tout est remis **en question.**
   > Il est **en prison.**

   Notez, toutefois, les expressions suivantes :

   > **en l'honneur de** notre chef
   > **en l'absence du** secrétaire
   > **en l'air**
   > **en l'an** 1066

4. après la préposition **de** dans les cas suivants:

    a. devant un nom de pays du genre féminin lorsqu'il n'est pas accompagné d'un adjectif qualificatif:

        Je reviens **d'Espagne**.
        C'est la reine **d'Angleterre**.

    Mais si c'est un nom de pays du genre masculin, il faut employer l'article:

        Je reviens **du Canada**.
        C'est la reine **du Danemark**.

    b. après une expression de quantité:

        beaucoup de programmes
        une bouteille de lait
        une douzaine d'œufs
        trop de confusion, etc.

    c. après un verbe ou locution verbale se terminant par la préposition **de**, si le nom complément est employé dans un sens partitif:

        Avez-vous **besoin de** papier? *Do you need* any *paper?*
        Il **se sert de** tranquillisants. *He uses tranquilizers.*

    Mais si le nom est employé dans un sens nettement défini, il faut l'article:

        Tu as encore **besoin du** livre que je t'ai prêté? *Do you still need* the *book I lent you?*

EXERCICE A.   *Mettez, quand il le faut, l'article défini à la place du tiret.*

_____ docteur Duval est français. Il adore _____ France. Il n'aime pas _____ musique moderne, ni _____ peintures de Picasso. Il se lève tôt _____ matin et ne travaille jamais _____ dimanche. Lui et son frère Jean-Paul, _____ chef du conseil administratif, qui a beaucoup _____ influence dans la ville, sont allés dîner _____ vendredi dernier en l'honneur _____ vénérable M. Potvin. On a discuté de _____ situation politique et _____ climat moral, et l'on en a profité pour affirmer que _____ justice, _____ honneur et _____ idéalisme sont morts aujourd'hui et que _____ président de la République ferait bien d'interrompre sa tournée diplomatique et de revenir pour dénoncer _____ corruption et _____ cynisme qui sévissent dans notre pays.

EXERCICE B.   *Traduisez.*

1. Do you need money?   2. I can't get along without friends.[1]   3. You should have used some dictionaries.[2] 4. The King of Sweden and the Queen of Portugal were talking about life and human destiny.   5. You won't need to go to class in the morning.   6. There will be too many people there.

63. L'article indéfini

Il y a deux formes de l'article indéfini au singulier : **un** (masculin) et **une** (féminin). La forme **des** s'emploie au pluriel :

un oiseau   des oiseaux   une fille   des filles

---

[1] *to do without, to get along without*: se passer de
[2] *to use*: se servir de

On omet l'article indéfini devant un nom en apposition:

> M. Ferault, membre du comité, fit son entrée avec M.
> Nicot, président du tribunal. *Mr. Ferault, a member of
> the committee* . . .

On omet l'article devant un attribut désignant la nation-
alité, la profession ou la religion:

> Son frère est ingénieur. *His brother's an engineer.*
> Ma tante est protestante. *My aunt is a Protestant.*

Mais si l'attribut est accompagné d'un adjectif qualificatif ou
d'une locution adjective, il faut employer l'article:

> C'est **un** technicien de grande valeur.
> Nous sommes **des** étudiants activistes.

Note: Après **quel**, **quelle**, **quels** et **quelles** qui correspondent
à l'anglais *what a* . . . il n'y a pas d'article:

> Quel beau jardin! *What a lovely garden!*
> Quelle idée! *What an idea!*

EXERCICE A. *Mettez les noms au pluriel.*
MODÈLE   J'ai vu une étoile.
> *J'ai vu des étoiles.*

1. Je vais fonder une académie.   2. Nous avons trouvé
une carte.   3. Il a proposé une solution.   4. Cela me
donne une idée.   5. Il a pris une habitude.   6. Nous
avons cherché un prétexte.

EXERCICE B. *Eliminez l'adjectif qualificatif des phrases suivantes
et faites le changement nécessaire.*
MODÈLE   C'est un écrivain célèbre.
> *Il est écrivain.*

1. C'est un artiste bien connu.
2. C'est un ouvrier tres compétent.

3. C'est un avocat sans scrupules.
4. C'est un officier incroyablement bête.
5. C'est un étudiant révolté.
6. C'est un catholique très pieux.
7. C'est un Italien typique.
8. C'est une jeune Chinoise.
9. Ce sont des poètes abominables.
10. Ce sont de jeunes Japonaises.

EXERCICE C. *Traduisez en français.*

1. What a fine looking young man! 2. There's old
Durand, a candidate for the presidency. 3. No, he's
not a lawyer; he's a young medical student. 4. She's
a Buddhist? What a surprise!

64. L'article partitif

Le partitif se compose de la préposition **de** et l'article défini.
Il indique que le nom qui le suit représente une partie d'un
tout:

Donnez-moi **du beurre**.   *Give me* some butter.
Avez-vous **de l'argent**?   *Do you have* any money?
Mangez-vous **de la viande**?   *Do you eat* meat?

Il n'y a pas d'article partitif en anglais. Les adjectifs *some* et *any*,
qui remplissent cette fonction, sont souvent omis:

Nous avons **des** livres français.   *We have French books.*
Apportez-moi **du** vin!   *Bring me wine!*

On ne trouve pas l'article partitif après les verbes **aimer**,
adorer, **préférer**, **détester** et **haïr**, qui impliquent presque
toujours une attitude générale: je déteste la guerre, j'adore la
peinture chinoise, j'aime les Italiens, etc.

EXERCICE A. *Traduisez en français.*

1. You have curious notions. 2. I adore Italian opera.
3. We'll bring bread and beer. 4. Did you buy pencils
and paper? 5. She hates French music. 6. They sell
books.

EXERCICE B. *Remplacez le tiret par la forme convenable de
l'article.*

1. Donnez-moi _____ eau. J'ai soif.
2. Voulez-vous _____ argent? Voulez-vous _____
papiers de mon père?
3. Avez-vous _____ amis? Avez-vous _____ renseignements que je cherche?
4. Aimez-vous _____ fleurs? Oui, donnez-moi
_____ fleurs.
5. Apportez-moi _____ vin rouge. Apportez aussi
_____ rosbif que vous avez préparé.

65. *De* partitif

Lorsque le nom qui accompagne le partitif est le complément
d'un verbe employé négativement, **du**, **de la**, **de l'** et **des**
deviennent **de**:

Nous avons **des** amis.
Mais: Nous n'avons **pas d'amis**.

Il y a **de l'espoir** pour vous.
Mais: Il n'y a **pas d'espoir** pour vous.

De s'emploie aussi devant un nom au pluriel précédé d'un
adjectif:

Il y a **de bons hôtels** ici.
D'importantes modifications seront nécessaires.

Un grand événement sportif — le Tour de France

Si l'adjectif suit le nom, le partitif s'emploie comme à l'ordinaire:

> Il y a **des hôtels excellents** ici.
> Il faut faire **des modifications importantes**.

On emploie **de** après n'importe quelle expression terminée par la préposition **de**:

> Il s'agit **de** questions purement académiques.
> J'aurai besoin **de** textes critiques.

EXERCICE A.   *Répondez en suivant le modèle.*
MODÈLE   Lui avez-vous offert des bijoux?
> *Oui, mais elle ne voulait pas de bijoux.*

Lui avez-vous offert de l'argent? / des bonbons / un manteau de vison / de l'eau de vie / des promesses / des garanties

EXERCICE B.   *Répondez en suivant le modèle.*
MODÈLE   Avez-vous des amis?
         Hélas, je n'ai plus d'amis.

Avez-vous de l'espoir?   /   du courage   /   des
ressources   /   des idées   /   des moyens   /   des
illusions   /   de l'enthousiasme   /   des pommes frites

EXERCICE C.   *Répondez en suivant le modèle.*
MODÈLE   Les hôtels sont bons à Paris?
         Oui, il y a de bons hotels à Paris.

1. Les gens sont braves ici?   2. Les églises sont belles en
France?   3. Les jardins sont beaux en Angleterre?
4. Les chiens sont gros là-bas?   5. Les usines sont
grandes à Détroit?   6. Les femmes sont jolies et petites
en Belgique?

EXERCICE D.   *Mettez les verbes des phrases suivantes au négatif.*
MODÈLE   Nous avons du tabac.
         Nous n'avons pas de tabac.

1. Nous avons fait des efforts.   2. Ils ont vu des
fantômes.   3. Cela vous donne des avantages financiers.
4. Il y avait des restrictions.   5. Il faisait du vent.
6. On a trouvé une bombe dans l'avion.   7. Je vais
écrire un rapport.   8. Il y aura des échanges
commerciaux.   9. Nous avons établis des contacts.
10. Tu as demandé des renseignements?

EXERCICE E.   *Répondez en employant la locution entre parenthèses.*
MODÈLE   Avez-vous de l'argent?   (très peu)
         J'ai très peu d'argent.

1. Avez-vous du courage?   (pas assez)
2. Avez-vous des devoirs à faire?   (trop)
3. Avez-vous du vin rouge?   (plusieurs bouteilles)
4. Avez-vous des ennemis?   (bien assez)
5. Avez-vous des illusions   (ne...plus)

EXERCICE F.   *Ajoutez à la phrase l'adjectif entre parenthèses.*
MODÈLE   Voilà des tableaux.   (beaux)
          Voilà de beaux tableaux.

1. Il y a des raisons pour cela.   (bonnes)
2. Je voudrais acheter des fleurs.   (belles)
3. Nous lui enverrons des lettres.   (longues)
4. Il avait des problèmes.   (autres)
5. Nous sommes des amis.   (vieux)
6. Il leur a raconté des histoires.   (longues)

66.   L'adjectif démonstratif

singulier

ce	devant un nom masculin qui commence par une consonne	**ce** train **ce** château
cet	devant un nom masculin qui commence par une voyelle ou un **h** muet	**cet** arbre **cet** homme
cette	devant tous les noms féminins	**cette** femme **cette** église **cette** histoire

Au pluriel il n'y a qu'une seule forme, **ces**:

ces trains, ces châteaux, ces hommes, ces arbres, etc.

Mais il y a deux prononciations, selon que le nom suivant commence par une consonne ou une voyelle:

ces démons	/sedemɔ̃/	ces hôtels	/sezotɛl/
ces femmes	/sefam/	ces églises	/sezegliz/

Pour distinguer l'un de l'autre dans deux groupes d'objets ou de personnes, on ajoute **-ci** ou **-là** après le nom :

C'est ce chapeau-ci que vous voulez? *Is* this *the hat you want?*

Donnez-moi plutôt ce journal-là. *Give me* that *newspaper instead.*

Mais la distinction entre *this* et *that* est beaucoup moins importante en français qu'en anglais. Ainsi, **ce livre** peut se traduire *this book* ou *that book* selon le contexte, mais dans certains cas il faut distinguer. Ainsi les expressions **en ce moment, cette année, ce soir** et **ce matin** ne peuvent vouloir dire que: *at this time, this year, this evening* et *this morning*. Si l'on veut exprimer *at that time, that year, that evening* ou *that morning*, on ajoute **-là: à ce moment-là, cette année-là, ce soir-là, ce matin-là**.

EXERCICE A. *Mettez la forme convenable de l'adjectif démonstratif.*

1. _____ homme est mon ami.
2. Il a fait _____ suggestion.
3. Tu connais _____ adorable créature?
4. Je n'aime pas _____ disputes imbéciles.
5. Il a refusé de répondre à _____ argument.
6. Ce n'est pas moi qui vous ai donné _____ mauvais conseil.
7. C'est vous qui avez choisi _____ dessins?
8. Je n'oublierai jamais _____ expérience.
9. Pourquoi déployez-vous tous _____ efforts?
10. Vous avez lu _____ reportage scandaleux?
11. L'employé a rentré _____ voiture dans le garage.
12. Que pensez-vous de _____ exercice?
13. Avez-vous remarqué _____ jeune fille?
14. _____ arbres me plaisent.

EXERCICE B.

MODÈLE La suggestion est bonne.

Cette suggestion est bonne.

1. L'hôtel est vieux. 2. La fille est méchante. 3. Le chien me suit partout. 4. Les directeurs ne comprennent rien. 5. L'écrivain est célèbre. 6. L'hypothèse ne vaut rien. 7. Les arbres sont vieux. 8. L'animal me regarde méchamment. 9. Le rapport n'est pas clair. 10. La situation n'est pas nette. 11. Le budget ne s'équilibre pas.

EXERCICE C.   *Traduisez en français.*

1. What did you do that day?
2. This morning I got up late.
3. At that time I didn't know you.
4. Please give me *that* dictionary.
5. This money is for you.
6. I don't want *these* documents.
7. I'll see him this evening.

EXERCICE D.   *Désignez du doigt des objets et des personnes dans la classe en employant l'adjectif démonstratif devant le nom.*
MODÈLE   *Voyez-vous ce livre? Oui, je vois ce livre.*

(Liste partielle: pupitre, chaise, bureau, fenêtre, plancher, mur, cahier, enveloppe, crayon, craie, stylo, professeur, étudiant, génie, écolier, jeune fille, jeune homme, cancre, humoriste, etc.)

67. L'adjectif possessif

singulier		pluriel
masculin	*feminin*	*masculin et feminin*
mon	ma	mes
ton	ta	tes
son	sa	ses *(his, her, its)*
notre		nos
votre		vos
leur		leur *(their)*

Mon, **ton** et **son** s'emploient devant un nom féminin commençant par une voyelle ou un **h** muet: mon église, ton adresse, son hésitation, etc.

Il faut faire la liaison des consonnes finales devant tout mot qui commence par une voyelle ou un **h** muet:

mon‿ami, mes‿oncles, ton‿adresse, leurs‿histoires, etc.

Remarquez qu'en français l'adjectif possessif s'accorde en genre et en nombre avec le nom qu'il qualifie, tandis qu'en anglais il s'accorde avec l'antécédent:

son père (s'accorde avec père, masc.)   *his/her father*
sa mère (s'accorde avec mère, fém.)   *his/her mother*
sa fiancée (s'accorde avec fiancée, fém.)   *his fiancée*
son fiancé (s'accorde avec fiancé, masc.)   *her fiancé*

A la différence de l'anglais, on emploie le plus souvent l'article défini quand on désigne des parties du corps:

Il a levé **la** main.   *He raised his hand.*
Il avait mal à **la** gorge.   *His throat was sore.*
Je me suis lavé **les** cheveux.   *I washed my hair.*
Je lui ai lavé **le** dos.   *I washed her back.*

Exceptions: On emploie le possessif devant le nom:

1. si le mot désignant la partie du corps est qualifié par un adjectif:

   Il a regardé ses grosses mains rouges.
   Elle a levé son joli pied.

2. si le mot désignant la partie du corps est le sujet de la phrase:

   Ses yeux exprimaient une profonde tristesse.

EXERCICE A. *Mettez l'adjectif possessif à la place de la locution prépositive.*
MODÈLE   Le livre de Pierre.
          Son livre.

1. Le père de Marie. 2. L'adversaire de Louise. 3. L'audace de nos parents. 4. Les accidents de mes camarades. 5. Les habitudes de Pierre. 6. La voiture de mon père. 7. L'avion du Président. 8. La haine de votre mari. 9. L'hypocrisie de mon chef. 10. Les plaisirs des autres. 11. L'hostilité du docteur. 12. Les clefs du geôlier. 13. Le handicap de l'ouvrier. 14. Les haricots de Mme Périer.

EXERCICE B.
MODÈLE   J'ai fait mon travail. Et elle?
          Elle a fait son travail.

1. Il a développé son hypothèse. Et moi?
2. Il a exprimé ses idées. Et eux?
3. J'ai pris ma voiture. Et lui?
4. Ils fument leurs cigares. Et vous?
5. Je pense à mon experience. Et eux?
6. Vous avez résolu votre problème. Et elle?
7. Nous avons choisi notre décor. Et toi?
8. Tu habiteras ton appartement. Et elle?
9. J'irai à mon eglise. Et lui?

EXERCICE C.
MODÈLE   Ce livre est à moi.
          C'est mon livre.

1. Cette voiture est à Georges. 2. Ce chien est à moi. 3. Ce passeport est à vous. 4. Ces fleurs sont à toi. 5. Ces tableaux sont à nous. 6. Ces cravates sont à toi. 7. Ces ambulances sont à eux. 8. Cette chemise est à toi. 9. Ce campus est à nous. 10. Cet argent est à vos parents. 11. Ces châteaux sont à nous.

EXERCICE D.

MODÈLE   Elle a baissé ses grands yeux bleus.
         Elle a baissé les yeux.

1. Il a tourné sa grosse tête blonde.
2. Elle a ouvert sa petite bouche.
3. Il avait haussé ses larges épaules.
4. Tu as secoué ta jolie tête.

68. La place de l'adjectif

A la différence de l'anglais, la plupart des adjectifs en français
se placent après le nom qu'ils qualifient:

> un roman intéressant   *an interesting novel*
> un succès commercial   *a commercial success*
> des pierres précieuses   *precious stones*
> une voiture allemande   *a German car*

Mais certains adjectifs se placent généralement devant le
nom. Voici les plus courants:

autre	gentil	joli	nouveau
beau	grand	long	petit
bon	gros	mauvais	vieux
court	jeune		

Cas spéciaux: certains adjectifs changent de sens selon la
position qu'ils occupent. En général, si l'adjectif suit le nom
il a un sens littéral, tandis que s'il précède il a un sens
figuré.[1] Comparez:

> un brave garçon   *a fine boy*
> un garçon brave   *a brave boy*

---

[1] La même tendance se voit dans d'autres adjectifs qui peuvent être
employés au sens littéral ou au sens figuré. Comparez: une **noire** accusation,
un chapeau **noir**; un **pur** mensonge, huile d'olive **pure**. Si l'adjectif a un
sens figuré, il précède le nom; s'il a un sens littéral, il suit le nom.

un grand homme   *a great man*
un homme grand   *a tall man*

un pauvre homme   *a poor (unfortunate) man*
un homme pauvre   *a poor (penniless) man*

un cher ami   *a dear friend*
un restaurant cher   *an expensive restaurant*

mes propres mains   *my own hands*
un mouchoir propre   *a clean handkerchief*

un ancien élève   *a former student*
une maison ancienne   *an ancient house*

une sale affaire   *a dirty (sordid) affair*
une chemise sale   *a dirty shirt*

L'adjectif **dernier** suit le non lorsqu'il signifie **le plus récent** (jeudi dernier, la semaine dernière), mais le précède s'il signifie **le dernier d'une série** (la dernière semaine de l'année, le dernier jeudi du mois, etc.).

EXERCICE A.   *Transformez les phrases suivantes en mettant l'adjectif avant ou après le nom, selon le cas.*
MODÈLE   Ce garçon est découragé.
       C'est un garçon découragé.

       Ce garçon est petit.
       C'est un petit garçon.

1. Cet écrivain est célèbre.
2. Ce produit est nouveau.
3. Cette proposition est absurde.
4. Ce chapitre est long.
5. Cette situation est instable.
6. Cet adversaire est formidable.
7. Cette décision est mauvaise.
8. Ce sujet est beau.

Mégève — (Haute-Savoie) — station de sports d'hiver dans les Alpes françaises

9. Cette suggestion est bonne.
10. Cette dépense est inutile.

EXERCICE B. *Traduisez en français.*

1. You're a very brave little girl.
2. Your parents are fine people.
3. Please give me a clean glass.
4. He saw it with his own eyes.
5. I met his former girlfriend.
6. Do you see that tall man? They say he's a great artist.
7. They had some ancient manuscripts.
8. It was a poor family; they had no money.
9. I feel sorry for (Je plains) that poor imbecile.
10. It was a dirty trick.
11. I saw him last month. That was the last time.

69.   Le féminin de l'adjectif

Le plus souvent on forme le féminin de l'adjectif en ajoutant
un **-e** au masculin:

un petit homme	une petit**e** femme
un grand film	une grand**e** production
un mauvais mélange	une mauvais**e** voiture

Prononciation: Si l'adjectif se termine au masculin par
une consonne muette, cette consonne se prononce quand on
ajoute le **e** du féminin:

petit	peti**te**
grand	gran**de**
mauvais	mauvai**se**

EXERCICE A.   *Remplacez Paul par Pauline.*
MODÈLE   Paul est intelligent.
             Pauline est intelligente.

1. Paul est distrait.   2. Paul n'est pas grand.   3. Paul
est encore jeune.   4. Paul sera méchant.   5. Paul se
sentait petit.   6. Paul est français.   7. Paul doit être
satisfait.   8. Paul n'est pas content.   9. Paul n'est ni
charmant ni intéressant.   10. Paul n'est pas malade.

70.   Les formes irrégulières du féminin

Les adjectifs en **-er** reçoivent un accent grave à l'avant-
dernière syllabe lorsqu'on ajoute le **e** du féminin:

premier	/prəmje/	premi**ère**	/prəmjɛr/
étranger	/etrɑ̃ʒe/	étrang**ère**	/etrɑ̃ʒɛr/

Il en est de même des adjectifs **concret**, **discret**, **inquiet** et
secret:

complet	/kɔ̃ple/	complète	/kɔ̃plɛt/
discret	/diskre/	discrète	/diskrɛt/

Les adjectifs en **-el**, **-eil**, **-en**, **-on** et la plupart des adjectifs en **-et** redoublent la consonne finale quand on ajoute le **e** du féminin :[1]

bon   bonne
italien   italienne
muet   muette
naturel   naturelle

Il en est de même des adjectifs se terminant au masculin par un **-s** :

bas   basse   épais   épaisse
gros   grosse   las   lasse

Les adjectifs se terminant par un **-f** changent cet **f** en **v** devant le **e** du féminin :

neuf   neuve   vif   vive
bref   brève   actif   active

Les adjectifs en **-eux** changent **-eux** en **-euse** :

heureux   heureuse   curieux   curieuse

La terminaison **-eur** deveint **-euse** au féminin, tandis que **-teur** devient souvent **-trice** :

moqueur   moqueuse   trompeur   trompeuse
directeur   directrice   moteur   motrice

Exceptions : Meilleur, supérieur, inférieur, intérieur deviennent meilleure, supérieure, etc. Menteur, flatteur deviennent menteuse, flatteuse.

---

[1] Il en résulte souvent une différence de pronunciation entre les deux genres : bon /bɔ̃/, bonne /bɔn/; italien /italjɛ̃/, italienne /italjɛn/.

Notez les adjectifs suivants dont le féminin présente certaines irrégularités:

blanc	blanche
franc	franche
sec	sèche
frais	fraîche
doux	douce
long	longue
roux	rousse
gentil	gentille
public	publique
favori	favorite
grec	greque
faux	fausse
paysan	paysanne
malin	maligne

EXERCICE A.   *Répondez selon le modèle.*
MODÈLE   Cet homme est bon. Cette nourriture?
    Cette nourriture est bonne.

1. Le plaisir est bref. La vie?
2. Le spectacle est complet. La liste?
3. Le directeur est furieux. La directrice?
4. Le froid est vif. La satisfaction?
5. Le mur est épais. La brume?
6. Le chat est gros. La chatte?
7. Le sentiment est bas. L'intention?
8. Son cœur est léger. Sa tête?
9. Paul est silencieux. Anne?
10. Le vin est frais. La viande?
11. Son style est sec. Son analyse?
12. Le diamant est faux. La lettre?
13. Le manuscrit est ancien. La maison?
14. Le problème est sérieux. La discussion?

EXERCICE B.   *Donnez la forme correcte des adjectifs entre parenthèses.*

1. (coûteux) C'est une affaire _____.
2. (sec) Il marchait sur des feuilles _____.
3. (sexuel) On donne un cours d'éducation _____.
4. (trompeur) C'était une apparence _____.
5. (pareil) Que feriez-vous dans une situation _____?
6. (moteur) Voici la force _____.
7. (spacieux) Vous avez un balcon _____.
8. (étranger) J'ai lu une revue _____.
9. (précieux) Je vous offre cette pierre _____.
10. (paysan) Elle avait un accent _____.
11. (gentil) Elle a toujours été _____.
12. (actif) Ce sont des étudiants _____.
13. (neuf) C'est une robe _____.

71. Les formes spéciales de *beau, nouveau, vieux*

Devant un mot masculin commençant par une voyelle ou un **h** muet, les adjectifs **beau**, **nouveau** et **vieux** deviennent **bel**, **nouvel** et **vieil**:

C'est un bel homme.
C'est un vieil ami.
C'est un nouvel hôtel.
C'est un nouvel ami.

Mais au pluriel on dit: Ce sont de **beaux** hommes, de **vieux** amis, etc.[1]

Les féminins de **beau**, **nouveau** et **vieux** sont **belle**, **nouvelle** et **vieille**:

C'est une belle fleur.
C'est une vieille connaissance.
C'est une nouvelle expérience.

---

[1] Rappelez-vous que l'article partitif devient **de** devant un nom au pluriel précédé d'un adjectif:

Voilà **de** beaux fruits.

Au féminin pluriel, il suffit d'ajouter un **-s**: Ce sont de belles fleurs, de vieilles connaissances, etc.

EXERCICE A.   *Transformez les phrases suivantes en vous conformant au modèle.*
MODÈLE   Cet homme est beau.
          C'est un bel homme.

1. Cet hôtel est vieux.
2. Cet avantage est nouveau.
3. Cette machine est vieille.
4. Cet enfant est beau.
5. Cette idée est nouvelle.
6. Ce débat est vieux.
7. Cette hypothèse est nouvelle.
8. Ce héros est vieux.
9. Cette femme est belle.
10. Cet artiste est vieux.
11. Ces artistes sont vieux.

EXERCICE B.   *Mettez les noms au pluriel et faites les changements nécessaires.*
MODÈLE   Il a un nouvel ami.
          Il a de nouveaux amis.

1. C'est un vieil hôtel.
2. Il avance une nouvelle hypothèse.
3. Il a fait un bel effort.
4. Il a acheté une vieille machine.
5. Il va y avoir une nouvelle restriction.
6. C'est mon vieil ennemi.
7. Il a écrit un bel article.
8. Vous avez une belle cousine.
9. C'est une vieille histoire.
10. Voilà mon nouvel adversaire.

72. Le pluriel de l'adjectif

Sauf les exceptions notées plus bas, on forme le pluriel des adjectifs en ajoutant un **-s**:

un enfant actif   des enfants actifs
une maison ancienne   des maisons anciennes

Les adjectifs se terminant au masculin par un **-s** ou un **-x** ne changent pas au masculin pluriel:

il est mauvais   ils sont mauvais
il est doux   ils sont doux

Les adjectifs se terminant au masculin singulier par **-al** deviennent **-aux** au masculin pluriel:

loyal   loyaux   social   sociaux

Exceptions: fatal, fatals; glacial, glacials; final, finals.

EXERCICE A.   *Mettez au pluriel.*
MODÈLE   la bonne occasion.
    les bonnes occasions.

1. le petit enfant.   2. le rhythme infernal.   3. le joli animal.   4. la mauvaise habitude.   5. le pauvre amateur.
6. le parc national.   7. le vieil ami.   8. l'aspect positif.
9. le silence glacial.   10. l'appareil spécial.   11. le nouvel effort.   12. le prix normal.   13. le spectacle dégoûtant.   14. le cher ami.   15. l'échange commercial.
16. la raison principale.

EXERCICE B.   *Mettez les noms des phrases suivantes au pluriel en faisant les changements nécessaires. Lisez d'abord au singulier, puis au pluriel.*
MODÈLE   J'avais un ami loyal.
    J'avais des amis loyaux.

1. Il a acheté ce vieil hôtel.
2. On va établir un centre culturel international.
3. Voilà ma jeune amie.
4. Vous avez passé l'examen final?
5. J'en ignore la cause fondamentale.
6. Elle a fait une nouvelle expérience.
7. Il s'agit d'un petit hôtel.
8. C'est un organe vital.
9. Donnez-moi ce petit objet.
10. C'est un grand appartement.
11. Elle étudie un problème social.

EXERCICE C.   *Décrivez une personne ou un endroit que vous connaissez bien en employant les adjectifs qui conviennent.*

73.   Le comparatif de l'adjectif

La plupart des adjectifs forment leur comparatif de la manière suivante:

> Elle est **plus intelligente que** moi.   *more . . . than*[1]
> Elle est **moins intelligente que** moi.   *less . . . than*
> Elle est **aussi intelligente que** moi.   *as . . . as*

Si le comparatif est suivi d'une proposition, le verbe de cette proposition s'accompagne d'un **ne** explétif:

> Je dépense plus que je **ne** gagne.   *I spend more than I earn.*

EXERCICE A.   *Répondez négativement en suivant le modèle.*
MODÈLE   Est-il plus intelligent que vous?
        Non, il est moins intelligent que moi.

---

[1] Devant un nombre, *more than* se traduit **plus de**: Nous avons plus de trente pages à lire.

1. Est-elle plus qualifiée que vous?
2. Est-il plus sérieux que Robert?
3. Etes-vous plus sensible que lui?
5. Sont-ils plus riches que nous?

Continuez en suivant ce modèle.
MODÈLE   Est-ils moins intelligent que vous?
    Non, il est plus intelligent que moi.

6. Est-elle moins charmante que lui?
7. Est-il moins gentil que Jean?
8. Sommes-nous moins fatigués qu'eux?
9. Ce problème est-il moins compliqué que l'autre?
10. Etes-vous moins curieux que moi?

EXERCICE B.   *Répondez en suivant le modèle.*
MODÈLE   La chaise est confortable; le fauteuil est confortable.
    La chaise est aussi confortable que le fauteuil.

1. Albert est intelligent; Gaston est intelligent.
2. Le ski est dangereux; l'alpinisme est dangereux.
3. Le professeur est brillant; vous êtes brillant.
4. Ce tableau est joli; l'autre est joli.
5. Jeanne est charmante; sa mère est charmante.

74. Le superlatif de l'adjectif

Le superlatif se construit de deux façons selon que l'adjectif précède ou suit le nom.

1. Si l'adjectif précède le nom, le superlatif se forme ainsi:

    C'est **le plus beau** jardin **de** la ville.
    Ce sont **les plus terribles** maladies **de** la terre.

2. Quand l'adjectif suit le nom, le superlatif se forme de la manière suivante:

    C'est l'homme **le moins généreux du** monde.
    Voilà **la** solution **la plus élégante**.

Quand, au positif, le nom est précédé d'un pronom possessif, on dit au superlatif :

Elle a mis **sa plus belle robe.**
Elle a mis **sa robe la plus élégante.**

Si le superlatif est suivi d'une proposition relative, le verbe de cette proposition se met au subjonctif :

C'est **le plus beau** film que j'**aie** jamais **vu.**
C'est le problème **le plus difficile** qu'on **puisse** imaginer.

Après un superlatif, l'anglais *in* se traduit par **de** :

C'est le meilleur **de** la classe.   *He's the best* in *the class.*
C'est le plus beau château **de** la région.   . . . in *the area.*

Pour traduire l'anglais *a most* suivi d'un adjectif, on dit **vraiment**, **extrêmement**, ou **des plus** :

C'est une notion des plus intéressantes.   *That's a most interesting notion.*
C'est une histoire extrêmement drôle.   *It's a most amusing story.*
C'est une personne vraiment charmante.   *He's a most charming person.*

EXERCICE A.   *Mettez l'adjectif à la forme superlative.*
MODÈLE   C'est un garçon intelligent.
   C'est le garçon le plus intelligent de la classe.

1. C'est une fille ennuyeuse.
2. C'est un étudiant sérieux.
3. C'est une belle jeune fille.
4. C'est un jeune garçon.
5. C'est une fille ambitieuse.

EXERCICE B. *Traduisez.*

1. That's the smallest insect I ever saw.
2. George is the most competent mechanic in the neighborhood.
3. It was the least difficult décision I ever made (prendre).
4. That's a most annoying (désagréable) thought.
5. It's the most interesting book I ever read.
6. She's the prettiest girl I know.

75. Les comparatifs et superlatifs irréguliers

La forme comparative de **bon** est **meilleur** (superlatif: **le meilleur**):

> Votre composition est **meilleure**. *Your composition is better.*
> Vous êtes **le meilleur**. *You are the best.*

Le comparatif et le superlatif de l'adjectif **mauvais** se forment régulièrement (**plus mauvais, le plus mauvais**) lorsque cet adjectif a un sens plus ou moins net:

> Ce café est plus mauvais le que mien.
> Avez-vous jamais lu un plus mauvais roman?

S'il s'agit de valeurs toutes relatives, il existe une autre forme du comparatif et du superlatif de **mauvais: pire, le pire**.

> Il est paresseux, mais elle est encore pire que lui. *He's lazy but she's even worse than he is.*
> Le désespoir est le pire de tous les maux. *Despair is the worst of evils.*

Il en est de même de l'adjectif **petit**, dont les formes comparatives et superlatives sont régulières au sens littéral (**plus**

petit, le plus petit), et irrégulières au sens figuré (**moindre, le moindre**):

C'est la plus petite de mes propriétés. (sens littéral: *smallest*)
Ma chambre est plus petite que la sienne. (sens littéral: *smaller*)
C'est la moindre de nos difficultés. (sens figuré: *slightest, least*)

EXERCICE A.   *Traduisez en français.*

1. This is a better solution.
2. That is the worst insult that I can imagine.
3. This is a matter of lesser importance.
4. The weather is worse today.
5. The situation is better than you think.
6. I haven't the slightest idea.
7. There is not the slightest doubt.
8. You are the best boy in town.

EXERCICE B.   *Remplacez le tiret par la forme convenable de l'adjectif.*

1. (*worst*)   C'est le _____ film que j'aie jamais vu.
2. (*slightest*)   Si on lui fait la _____ critique, il se fâche.
3. (*best*)   Voici les _____ exemples.
4. (*better*)   Donnez-moi quelque chose de _____.
5. (*smaller*)   Je voudrais un verre _____.

76.   Les adjectifs et les pronoms indéfinis

Les adjectifs et pronoms indéfinis qualifient ou désignent des personnes ou des choses indéterminées. Parfois l'adjectif et le pronom ont la même forme:

J'ai vu **plusieurs** versions de ce texte.   (adj.)
J'en ai vu **plusieurs**.   (pron.)

Son visage n'exprimait **aucune** émotion. (adj.)
Son visage n'en exprimait **aucune**. (pron.)
Aucun de ces hommes n'a compris le problème. (pron.)

Avez-vous d'**autres** projets? (adj.)
En avez-vous d'**autres**? (pron.)

Parfois la forme en est différente:

Chaque personne avait son idée. (adj.)
Chacun avait son idée. (pron.)
Chacun de ces hommes pourrait être coupable. (pron.)

Quelques exemplaires de ce livre sont reliés. (adj.)
On va en apporter **quelques-uns**. (pron.)

Après **quelques-uns** on emploie **d'entre** (plutôt que **de**) devant un pronom personnel tonique:

Quelques-uns d'entre eux ont compris le problème.

EXERCICE A. *Remplacez l'adjectif indéfini par le pronom indéfini correspondant.*
MODÈLE Il nous a envoyé plusieurs lettres.
   Il nous en a envoyé plusieurs.

1. Il avait perdu plusieurs occasions.
2. Elle n'avait aucune opinion.
3. Il ne lui reste aucun espoir.
4. Avez-vous d'autres secrets à me révéler?
5. Ils ont lu plusieurs versions.
6. Nous écouterons quelques disques.
7. Chaque tableau était à sa place.
8. Nous connaissons d'autres interprétations de ce morceau.
9. On n'a reçu aucune nouvelle.
10. Chaque participant aura une récompense.

77. *Tout, toute ; tous, toutes*

Comme adjectif, **tout**, dans ses formes variées, peut s'employer avec d'autres déterminatifs devant le nom :

> tout ce développement   (masc. sing.)
> toute la journée   (fém. sing.)
> tous mes efforts   (masc. pl.)
> toutes vos amies   (fém. pl.)

Notez que la construction anglaise *all of* (*my hopes*), *all of* (*the machines*) se traduit **tous mes espoirs**, **toutes les machines**.

Tout, tous,[1] **toute** et **toutes** s'emploient comme pronoms sujets :

> **Nous** croyons **tous** que c'est absurde.   *We all think . . .*
> **Vous** êtes **toutes** parties ensemble.   *You all left . . .*
> **Elles** sont **toutes** arrivées en retard.   *They all arrived . . .*
> (ou : **Toutes** sont arrivées . . .)
> **Ils** savent **tous** de quoi il s'agit.   *They all know . . .* (ou :
> **Tous** savent...)

Le pronom **tout** signifie *everything* et s'emploie comme sujet ou comme complément :

> **Tout** est pour le mieux.
> Vous savez **tout**.

Tous et **toutes** s'emploient aussi comme compléments directs ou indirects :

> Les règles ? Oui, je **les** connais **toutes**.
> Je **vous** ai **tous** vus.
> Vous avez parlé à **toutes** les étudiantes ? Oui, je **leur** ai parlé **à toutes**.

---

[1] Comme pronom **tous** se prononce /tus/.

EXERCICE A.   *Ajoutez à la phrase la forme convenable de* **tout**.
MODÈLE   Vous êtes venus.
          Vous êtes tous venus.

          Elles sont venues.
          Elles sont toutes venues.

1. Nous sommes restés à la maison.
2. Vous êtes entrées en fureur.
3. Elles sont mortes de chagrin.
4. Nous viendrons plus tard.
5. Nous sommes fatigués.
6. Les filles vont partir.
7. Ils attendent le sommeil.
8. Vous vous croyez généreuses.

EXERCICE B.   *Répondez affirmativement en suivant le modèle.*
MODÈLE   Vous avez vu ces châteaux?
          Oui, je les ai tous vus.

1. Vous avez lu ces pièces?
2. Vous respectez toutes les religions?
3. Vous nous détestez?
4. Vous avez parlé aux autorités?
5. Vous avez fait peur aux enfants?
6. Ils savent les réponses?
7. Nous allons chanter les chansons?
8. Aimez-vous les hommes?

78. **La formation de l'adverbe**

On forme la plupart des adverbes en ajoutant **-ment** au
féminin de l'adjectif:

sérieuse	sérieusement
vive	vivement
franche	franchement
naturelle	naturellement

Mais cette terminaison s'ajoute au masculin si l'adverbe se termine par une voyelle:

vrai	vraiment
poli	poliment
infini	infiniment
rapide	rapidement

Les adjectifs en **-ent, -ant** deviennent des adverbes en **-emment, -amment**. Ces terminaisons se prononcent toutes /amã/.

élégant	élégamment
indépendant	indépendamment
évident	évidemment
constant	constamment

Les adverbes suivants se forment irrégulièrement:

bon	bien
gentil	gentiment
énorme	énormément
précis	précisément
mauvais	mal
profond	profondément
aveugle	aveuglément
confus	confusément

EXERCICE A.   *Donnez les adverbes formés à partir des adjectifs suivants.*

MODÈLE   plein
      pleinement

1. absolu	6. constant
2. suffisant	7. particulier
3. effectif	8. certain
4. définitif	9. courageux
5. doux	10. matériel

EXERCICE B. *Remplacez le tiret par l'adverbe.*

MODÈLE   (sûr)   Il recevra _____ une bonne note.
Il recevra sûrement une bonne note.

1. (sérieux)   Il parle _____.
2. (gracieux)   Elle m'a reçu _____.
3. (précis)   Voilà _____ ce que je voulais dire.
4. (récent)   Son livre a paru _____.
5. (profond)   Ce film m'a _____ ému.
6. (aveugle)   Ils s'aiment _____.
7. (patient)   Elle aurait dû expliquer plus _____.
8. (fou)   Il courait _____ après le tramway.
9. (prudent)   Il marche _____.
10. (énorme)   Il travaille _____.

79. La place de l'adverbe

Aux temps simples, l'adverbe se place directement après le verbe, à la différence de l'anglais qui le place souvent entre le sujet et le verbe. Comparez:

Il essayait **toujours** de comprendre.   *He* always *tried to understand.*
Elle parle **souvent** de vous.   *She* often *speaks of you.*

Pour mettre en valeur l'adverbe, on le met au commencement de la phrase:

D'abord, il faut définir le problème.
Parfois, je me demande si c'est la peine.

Aux temps composés, l'adverbe se place entre l'auxiliaire et le participe passé, s'il est court (par exemple: déjà, donc, enfin, encore, souvent, toujours, trop):

Il est déjà parti.
On n'avait pas encore vu les épreuves.
J'ai souvent visité cette ville.

Les adverbes de temps et de lieu font exception:

> Je l'ai vu **hier.**
> Il est venu **ici** me voir.
> Il est allé **là-bas.**

En règle générale, les adverbes en **-ment** se placent après le participe passé:

> Ils ont cherché prudemment.
> On s'est dirigé lentement vers la porte.

Mais certains adverbes en **-ment** se placent presque toujours devant le participe passé:

> Il est **probablement** parti.
> Vous avez **certainement** compris cela.
> On l'a **vraiment** cru.

En français les adverbes **beaucoup** et **mieux** précèdent les compléments d'objet direct, tandis qu'en anglais *much* et *better* se placent d'ordinaire après le complément:

> J'aime **beaucoup** votre amie.   *I like your friend a lot.*
> Il connaît **mieux** ces choses.   *He knows these things better.*

Si l'on commence une phrase par **peut-être**, **aussi** ou **à peine**, il faut faire l'inversion du sujet et du verbe:

> Peut-être **avez-vous** raison.   *Perhaps you are right.*
> Aussi **avons-nous** décidé de partir.   *And so[1] we have decided to leave.*
> A peine **eut-il** divorcé qu'il s'est remarié.   *Scarcely had he divorced when he got remarried.*

---

[1] Au commencement d'une phrase le mot **aussi** signifie *and so* ou *therefore*, et ne peut jamais signifier *also*.

Le Pont St-Bénézet à Avignon. On y danse...

EXERCICE A.   *Mettez l'adverbe à la place qui convient.*

1. Je veux savoir ceci.   (d'abord)
2. Elle lui en parlait.   (souvent)
3. Il n'avait pas compris.   (certainement)
4. Vous êtes arrivé.   (déjà)
5. Ils nous l'ont expliqué.   (trop tard)
6. Vous m'avez fait confiance.   (toujours)
7. On n'était pas parti.   (encore)
8. Il a dû recevoir la lettre.   (hier)
9. J'ai travaillé.   (patiemment)
10. Il a pâli.   (affreusement)
11. J'aime la cuisine chinoise.   (mieux)
12. Il porte un chapeau noir.   (d'habitude)

EXERCICE B.   *Traduisez en français.*

1. I always knew you were absolutely wrong.
2. He finally understands the problem.

3. We often spoke about that situation.
4. We already knew that.
5. You still believe in Santa Claus (le Père Noël)?
6. He really ate all that?
7. She usually leaves before midnight.
8. You'll like this book very much.
9. Maybe he likes red wine better.
10. And so they haven't done anything.

80. La comparaison de l'adverbe

Les adverbes se comparent comme les adjectifs:

> Il apprend **vite**.   (positif)
> Il apprend **plus vite** que moi.   (comparatif)
> C'est lui qui apprend **le plus vite**.   (superlatif)
> Elle répond **aussi vigoureusement que** lui.
> Il parle **moins constamment qu'**elle.
> C'est elle qui s'est trompée **le moins souvent**.

Remarquez qu'au superlatif l'article est toujours masculin.
L'adverbe **bien** se compare irrégulièrement.

> On voit **bien** d'ici.
> On voit **mieux** du premier étage.
> C'est du sixième qu'on voit **le mieux**.

Ne confondez pas l'adverbe **mieux** et l'adjectif **meilleur**.
Mieux se rapporte à un verbe ou à un adjectif; **meilleur** se
rapporte à un nom:

> Il chante **mieux** que moi.   *He sings* better *than I do*.
> Leur groupe est **le mieux** organisé.   *Their group is* the
> best *organized*.
> L'organisation en est **meilleure**.   *The organization of it
> is* better.
> Votre voiture est **meilleure que** la mienne.   *Your car is*
> better than *mine*.

Il faut éviter de confondre **mal** (adverbe) avec **mauvais** (adjectif):

Il écrit **mal**. *He writes* badly.
C'est un **mauvais** roman. *It's a* bad *novel*.
Son frère écrit encore **plus mal**¹ que lui. *His brother writes even* worse *than he does.*
Ce roman est **plus mauvais** que les autres. *This novel is* worse than *the others.*

EXERCICE A. *Traduisez en français.*

1. I go there less frequently now.
2. You should work faster.
3. He talks about it less intelligently than we do.
4. They eat better in France than in England.
5. You've seen her more recently than that.
6. She dances better than I do.
7. I swim worse than my brother.

EXERCICE B. *Mettez l'adverbe au superlatif.*
MODÈLE   Robert parle bien.
       C'est Robert qui parle le mieux.

1. Pauline chante mal.
2. Albert s'exprime franchement.
3. Jeanne répondait poliment.
4. Mon père y va souvent.
5. François travaille indépendamment.
6. Louise reçoit gracieusement.

EXERCICE C. *Répétez l'exercice B en employant le superlatif d'infériorité.*
MODÈLE   Robert parle bien.
       C'est Robert qui parle le moins bien.

¹ Les formes **pis** et **le pis**, comparatif et superlatif irréguliers du mot **mal**, ne s'emploient plus guère aujourd'hui, sauf dans des expressions telles que **de mal en pis** (*from bad to worse*), **au pis aller** (*as a last resort*), etc.

EXERCICE D.   *Des deux mots entre parenthèses, choisissez celui qui convient.*

1. Les autres comprenaient   (mieux, meilleur)   la leçon.
2. Il faut refaire   (le plus mal, le plus mauvais)   des trois devoirs.
3. Elle avait du sujet une   (mieux, meilleure)   compréhension que moi.
4. Ce film est   (plus mal, plus mauvais)   que l'autre.
5. Il était arrivé au   (plus mal, plus mauvais)   moment.
6. Cette voiture marche   (beaucoup mieux, beaucoup meilleure)   que la mienne.
7. Vous êtes   (mal, mauvais)   renseigné.
8. Le nouveau produit se vend   (mal, mauvais).
9. Il faut choisir   (le mieux, le meilleur)   texte.

divers

4

81. L'emploi de *depuis* avec le présent et l'imparfait

Une action qui a commencé dans le passé et qui se prolonge dans le présent est représentée en français par le présent accompagné d'une locution adverbiale introduite par **depuis**. En anglais on emploie le plus souvent un aspect progressif[1] du temps parfait avec la préposition *for* ou *since*. Comparez :

> On en **discute depuis** midi.   *They* have been discussing *it* since *noon*.
> J'**attends depuis** trois heures.   *I*'ve been waiting for *three hours*.

mais :

> **Je n'ai pas vu** mon père depuis six mois.   *I haven't seen my father for six months.*

(Il ne s'agit pas d'une action prolongée dans le présent.)

---

[1] Avec certains verbes on emploie simplement le *present perfect* : *I*'ve been *here for days*. (Je suis là depuis des jours.) ; *He* has known *me for a long time*. (Il me connaît depuis longtemps.) ; *I* have loved *her for years*. (Je l'aime depuis des années.). Mais le plus souvent c'est la forme progressive qu'on emploie en anglais.

S'il s'agit d'une action qui avait commencé dans le passé
et qui durait encore lorsqu'un autre fait s'est produit, on
emploie l'imparfait avec **depuis** :

> **J'attendais** là depuis trois heures quand mon ami est
> arrivé.   *I'd been waiting there for three hours when my friend
> arrived.*

Dans ce cas, remarquez qu'en anglais on emploie l'aspect
pluperfect progressive (*I* had been waiting . . .).

Depuis que s'emploie pour introduire une proposition
subordonnée :

> Depuis qu'elle est partie, nous nous ennuyons.

Voici comment on construit une phrase interrogative avec
depuis :

> **Depuis quand** travaillez-vous ici? Je travaille ici depuis
> lundi.

(On met ici l'accent sur le moment où le sujet a commencé à
travailler).

> **Depuis combien de temps** travaillez-vous ici? Je
> travaille ici depuis trois jours.

(Ici on met l'accent sur la durée du travail.)

On remplace souvent **depuis** par **il y a** ou **voilà** lorsqu'on
veut mettre en valeur la locution temporelle (longtemps, trois
heures) ;

> **Voilà** trois heures **qu**'on en
> discute.
>
> **Il y a** trois heures **qu**'on en
> discute.
>
> } On en discute depuis
> trois heures.

> **Il y avait** longtemps **qu**'il me connaissait.   *He had known
> me for a long time.*

S'il s'agit d'une action qui a commencé et qui s'est terminée dans le passé, on emploie le passé composé suivi de
pendant:

Il **a travaillé** dans cette maison **pendant** trois ans (mais
il n'y travaille plus).

Comparez:

Il **travaille** dans cette maison **depuis** trois ans (et il y
travaille toujours).

EXERCICE A. *Refaites les phrases suivantes en suivant le modèle.*
MODÈLE Il a commencé à parler il y a une heure.
   Il parle depuis une heure.

1. Vouz avez commencé à y penser il y a une minute.
2. Ils ont commencé à boire il y a deux jours.
3. J'ai commencé à travailler vendredi dernier.
4. Elle a commencé à parler allemand en 1946.
5. Il a commencé à pleuvoir il y a quarante jours.
6. Nous avons commencé à attendre il y a vingt minutes.
7. Il a commencé à lire la semaine dernière.

EXERCICE B. *Traduisez.*

1. We've been here for three days.
2. I haven't seen you for a long time.
3. You had known her for several years, hadn't you?
4. She's been waiting a long time.
5. We've been standing in line for hours.
6. I had been thinking about it since Thursday.
7. We had not worked for three weeks.
8. We studied the problem for several days.
9. You lived in Bordeaux for thirteen years, didn't you?
10. How long have you been here?

82. *Savoir, pouvoir, connaître*

présent:

je sais	je peux	je connais
tu sais	tu peux	tu connais
il sait	il peut	il connaît
nous savons	nous pouvons	nous connaissons
vous savez	vouz pouvez	vous connaissez
ils savent	ils peuvent	ils connaissent

imparfait:
je savais, etc.   je pouvais, etc.   je connaissais, etc.

passé composé:
j'ai su   j'ai pu   j'ai connu

futur:
je saurai   je pourrai   je connaîtrai

If faut distinguer entre **savoir** et **pouvoir**:

Je **sais** lire et écrire (*I know how*), mais aujourd'hui je ne
peux rien écrire; je n'ai pas le temps.
Il **sait** nager, mais il ne le **peut** pas parce qu'il s'est cassé
le bras.

Savoir indique que l'on possède les connaissances nécessaires pour faire une chose, que l'on a assimilé une technique
(Il **sait** jouer du piano.); tandis que **pouvoir** exprime l'aptitude
physique à faire une chose (Il ne **peut** pas venir; il est malade.)
Pouvoir exprime aussi la possibilité (Je **peux** me tromper: Il est
possible que je me trompe.) et la permission (Je **peux** partir?:
Vous me donnez la permission de partir?).
    Il faut encore distinguer entre **savoir** et **connaître**. En
général, **savoir** implique une connaissance totale (on sait sa
langue maternelle), et **connaître** une connaissance partielle (on
connaît une language étrangère).

Cannes — ville balnéaire de la côte d'Azur, célèbre pour son festival de cinéma

Connaître s'emploie avec un nom complément:

> Je connais M. Durand.
> Connaissez-vous la littérature chinoise?
> Il connaît la région?

Tandis que **savoir** s'emploie le plus souvent devant un infinitif ou une proposition subordonnée:

> Vous savez jouer de la clarinette?
> Tu sais où il est?
> Je ne savais pas que vous alliez venir.

Lorsqu'il s'agit de choses qu'on peut savoir très précisément et dans tous les détails, on peut employer **savoir** suivi d'un nom complément:

> Je sais ce poème par cœur.
> Savez-vous son adresse?
> Il ne savait pas l'heure de mon arrivée.

Au passé composé le verbe **savoir** prend un sens différent et signifie le passage d'un état d'ignorance à un état de connaissance:

C'est seulement plus tard que **j'ai su** qu'il avait menti. (Je ne savais pas avant.)

En anglais on dit: *I learned, I found out.*

Le verbe **pouvoir** employé au passé composé sous-entend la réalisation (ou la non-réalisation) de la chose que l'on se proposait d'accomplir:

Heureusement, j'ai pu prévenir mes amis. *Happily I could and did warn my friends.*
Malgré ses efforts, il n'a pas pu marcher. *In spite of his efforts, he was unable to walk.*

EXERCICE A. *Remplacez le tiret par la forme qui convient de* **savoir** *ou de* **pouvoir.**

1. Il _____ déjeuner avec moi; il est trop occupé.
2. Il est utile de _____ taper à la machine.
3. Vous _____ fumer ici; c'est défendu.
4. _____-tu venir demain soir?
5. Elle _____ faire la cuisine; elle n'a jamais appris.
6. Il a essayé mais il n'a _____ me convaincre.
7. Je _____ vous demander un petit service?
8. Vous _____ jouer du piano?
9. Il faisait si noir que je ne _____ lire le journal.

EXERCICE B. *Employez* **savoir** *ou* **connaître** *selon le cas, en suivant le modèle.*
MODÈLE   il est intelligent
          Je sais qu'il est intelligent.

la peinture moderne
Je connais la peinture moderne.

1. cet étudiant   2. conduire   3. il faut souffrir en
silence   4. les Alpes   5. votre adresse   6. la situation
politique   7. jouer au tennis   8. la musique romantique
9. l'histoire des Etats-Unis   10. quand il est mort
11. pourquoi vous êtes ici   12. ce passage par cœur

EXERCICE C. *Remplacez le tiret par l'imparfait ou le passé
composé du verbe* **savoir** *ou* **pouvoir**.

1. Là où il était, il ne _____ pas me voir.
2. En interrogeant les témoins, nous _____ la vérité.
3. Je _____ que vous me trompiez.
4. Elle a fait d'immenses efforts, mais elle _____
   bouger.
5. Vous _____ me prévenir mais vous êtes resté
   silencieux? Pourquoi?
6. Au cours de l'enquête, on _____ que c'était lui
   qui avait falsifié les chiffres.
7. Nous ne _____ qu'ils étaient mariés.
8. Il pleuvait mais heureusement elle _____ trouver
   un taxi.

83. Expressions utiles avec le verbe *avoir*

Beaucoup d'expressions françaises composées du verbe **avoir**
suivi directement d'un nom correspondent à des expressions
anglaises composées du verbe *to be* suivi d'un adjectif:

avoir		to be	
	chaud		hot
	froid		cold
	raison		right
	tort		wrong
	faim		hungry
	soif		thirsty
	sommeil		sleepy
	honte (de)		ashamed (of)
	peur (de)		afraid (of)

A l'exception de **raison** et **tort**, on peut employer devant ces noms l'adverbe **très** comme qualificatif:

J'ai très faim.
On a eu très peur.

Voici d'autres expressions composées d'**avoir**+**un nom**:

avoir de la chance   *to be lucky*
Vous avez de la chance.
Il n'a pas de chance.

avoir lieu   *to take place*
Le mariage a eu lieu ce matin.

avoir... ans   *to be . . . years old*
Elle aura demain 19 ans.

avoir beau + **infinitif**   *to do something in vain*
Il a beau essayer, il n'arrive pas à s'exprimer.

avoir envie de   *to feel like*
Elle avait envie d'aller au cinéma.

avoir mal   *to hurt, to have a pain*
J'ai mal à la tête.   *I have a headache.*

avoir quelque chose   *to have something the matter, to be ill*
Qu'est-ce que vous avez?   *What's wrong with you?*
Je n'ai rien.   *I'm all right.*
Qu'est-ce qu'il y a?   *What's the trouble?*

avoir l'air (**de**)   *to seem*
Vous avez l'air content.
Vous avez l'air d'avoir froid.

avoir l'habitude de   *to be used to*
Je n'ai pas l'habitude de marcher.

avoir l'intention de   *to intend*
Nous avons l'intention de partir ce soir.

avoir l'occasion de   *to have an opportunity to*
J'espère que j'aurai l'occasion de vous revoir.

EXERCICE.   *Donnez l'équivalent des phrases suivantes en employant le verbe **avoir** + **nom**.*
MODÈLE   Je désire dormir.
          J'ai sommeil (ou *J'ai envie de dormir*).

  1. Il craint tout le monde.
  2. Nouse sommes affamés.
  3. Ils ne veulent pas boire.
  4. Ce qu'il dit est juste.
  5. Je ne suis pas fier de ce que j'ai fait.
  6. Elle semble très fatiguée.
  7. Il va arriver un accident ici.
  8. Il est âgé de quarante ans.
  9. Nous sommes assoiffés.
10. Ce que vous soutenez est faux.
11. C'est en vain qu'il lui parle, elle ne l'écoute pas.

84. *Il y a, il doit y avoir, il peut y avoir*

Il y a, qui indique l'existence, s'emploie toujours au singulier :

Il y a un agent de police au coin de l'avenue.
Il y a des agents de police au coin de l'avenue.
Il y avait des milliers d'étudiants qui défilaient en chantant.

Cette expression peut être nuancée par l'addition du verbe **devoir** ou **pouvoir** :

Il doit y avoir une explication.   *There must be an explanation.*
Il peut y avoir une explication.   *There may be . . .*

Il y a s'emploie aussi avec un sens de temps:

> Il y a cinq ans que nous habitons ici. (=Nous habitons ici
> depuis cinq ans.)
> Votre ami est arrivé **il y a dix minutes**.   . . . *ten minutes
> ago*.

EXERCICE A.   *Répondez en suivant le modèle.*
MODÈLE   Il y a une solution. C'est probable.
>   *Il doit y avoir une solution.*

>   Il y a une solution? C'est possible.
>   *Il peut y avoir une solution.*

1. Il y a de jolies jeunes filles dans ce café. C'est probable.
2. Il y a eu un accident ici. C'est probable.
3. Il y a une erreur? C'est possible.
4. Il y aura beaucoup de monde? C'est possible.
5. Il y a une bonne raison pour cela? C'est probable.
6. Il y en a trois. C'est probable.
7. Il y en aura plusieurs. C'est possible.

EXERCICE B.   *Faites de courtes phrases en employant les éléments
suivants.*

1. ...il y a dix ans.
2. Il y avait...
3. Il a dû y avoir...
4. Il y a trois heures que...
5. Il ne peut pas y avoir...
6. Il y aura...
7. ...il y a une semaine.

85.   **Expressions utiles avec le verbe** *faire*

Le verbe **faire** s'emploie dans plusieurs expressions utiles, dont
beaucoup se rapportent au temps qu'il fait:

> Quel temps fait-il?   *How's the weather?*
> Il fait beau.   *The weather's fine.*

Il fait mauvais.   *The weather is bad.*
(On dit souvent: Il ne fait pas beau.)
Il fait chaud.   *It's hot.*
Il fait froid.   *It's cold.*
Il fait frais.   *It's cool.*
Il fait doux.   *It's mild.*
Il fait du soleil.   *It's sunny.*
(On dit aussi: Il y a du soleil.)
Il fait du vent.   *It's windy.*
Il fait jour.   *It's daylight.*
Il fait nuit.   *It's night.*

Mais on dit:

Il pleut.   *It's raining.*
Il neige.   *It's snowing.*
Il gèle.   *It's freezing.*

en faire à sa tête   *to do as one likes*
Elle en fait toujours à sa tête.

faire attention (**à**)   *to pay attention (to)*
Tu ne fais jamais attention en classe.

faire de la peine   *to hurt, cause sorrow*
Vos malheurs me font de la peine.

faire de son mieux (ou **faire son possible**)   *to do one's best*
J'ai fait de mon mieux pour le persuader.

faire des progrès   *to make progress*
Il fait des progrès en français.

faire exprès   *to do on purpose*
Je ne l'ai pas fait exprès.

faire la connaissance de   *to meet, become acquainted with*
Je suis sûr d'avoir déjà fait votre connaissance.

faire mal à   *to hurt*
Tu me fais mal (physiquement).
Comparez:
Tu me fais de la peine (moralement).

faire peur à   *to frighten*
Le tonnerre me faisait peur quand j'étais petit.

faire la queue   *to stand in line*
Je n'aime pas faire la queue.

faire plaisir à   *to please, give pleasure*
Cela me fait plaisir de vous revoir.

faire semblant (de)   *to pretend, make believe*
Il faisait semblant de dormir.

(Remarquez que le mot **prétendre** signifie *to claim, to allege*:

Il prétend être un parent.   *He* claims *to be a relative*.)

Remarquez aussi **faire le riche**, **faire le mort** (*to act rich, to
play dead*, etc.).

faire une promenade   *to take a walk, ride*
Nous avons fait une promenade dans le parc.
On a fait une promenade en voiture.

faire un voyage   *to take a trip*
On dit que vous ferez un voyage.
Avez-vous fait bon voyage?

faire ses adieux   *to say goodbye*
Il est venu faire ses adieux.

EXERCICE A.   *Remplacez par une expression équivalente en
employant le verbe **faire***.
MODÈLE   Il ne fait pas froid.
        Il fait chaud.

1. Il ne fait pas beau.
2. Le soleil brille.
3. Je viens vous dire adieu.
4. Il n'y avait pas de vent.
5. Il ne fait pas jour.
6. Je fais comme je veux.
7. Elle est toujours inattentive.
8. Cette injustice me désole.
9. Je crains l'obscurité.
10. Il a fait cela délibérément.

EXERCICE B. *Traduisez en français.*

1. Do you want to take a walk? 2. It will give me pleasure to see you again. 3. She pretended not to see me. 4. You have to say goodbye to her. 5. I don't like to stand in line. 6. You won't hurt me? 7. Where did I meet you? 8. You must do your best. 9. Are we making any progress? 10. Did you have a good trip?

86. **La construction** *faire* **suivi d'un infinitif**

Si, dans une phrase, il s'agit de représenter une action que l'on fait faire à quelqu'un d'autre (*to have something done, to have someone do something*), on emploie en français le verbe **faire** suivi d'un infinitif:

Elle me fait toujours attendre.
Il se fait faire un costume.
Tu me le feras savoir?
Je dois faire réparer la voiture.

Dans cette construction, s'il y a un seul complément d'objet, il est toujours direct:

Il fait réciter **les élèves**? Oui, il **les** fait réciter.
Vous ferez annoncer **le résultat**? Oui, je **le** ferai annoncer.

Le Port de Cherbourg

Mais s'il y a deux compléments d'objet, l'un est direct et l'autre (la personne) est indirect:

> Il a fait réciter la leçon aux élèves? Oui, il la leur a fait réciter.

Dans une phrase comme la suivante, pour éviter l'ambiguïté, on remplace **à** par la préposition **par**:

> Nous avons fait transmettre la réponse à Pierre.

(Le sens n'est pas clair: Pierre a-t-il reçu la réponse ou est-ce lui qui l'a transmise?)

> Nous avons fait transmettre la réponse par Pierre.

(Le sens est clair: C'est Pierre qui a transmis la réponse.)

Remarquez que dans ces constructions les pronoms compléments se placent devant le verbe faire et que le participe passé reste invariable:

Je vais leur faire visiter ma maison.
Je vais la leur faire visiter.
Je la leur ai fait visiter.

Notez particulièrement les expressions **faire venir** (*to send for*), **faire voir** (*to show*) et **faire savoir** (*to let someone know*):

Je ferai venir un médecin.
Faites voir ce que vous avez écrit.
Il va me le faire savoir.

EXERCICE A.   *Transformez les phrases suivantes en vous conformant au modèle.*
MODÈLE   Il fait le travail.
         Il fait faire son travail.

1. Je cultive mon jardin.
2. Elle écrit un rapport.
3. Nous étudierons ces documents.
4. Vous oubliez ce moment d'angoisse.
5. Ils arrêtent la machine.
6. Je monte mes bagages au sixième.
7. Vous vous offrez un cocktail.
8. Il se respecte.
9. J'ouvrirai les fenêtres.

EXERCICE B.   *Répondez affirmativement en remplaçant les noms par les pronoms qui conviennent.*
MODÈLE   Vous faites venir le médecin?
         Oui, je le fais venir.

1. Vous avez fait pleurer votre mère?
2. Vous ferez visiter l'appartement à l'inspecteur?
3. Vous avez fait construire cette usine?

4. Voulez-vous faire venir les spécialistes?
5. Vous faites travailler les élèves?
6. Avez-vous fait voir la marchandise aux clients?
7. Il va lui faire comprendre les complications?
8. Elle vous a fait connaître la joie de vivre?
9. Vous lui faites comprendre la situation?

EXERCICE C. *Traduisez.*

1. I'll have my brother write the letter.
2. Are you going to have George do the work?
3. Will you send for the police?
4. He had his secretary write the report.
5. Please have the windows opened.
6. Are you having your apartment decorated?
7. I'm not going to have the packages sent.
8. He makes all his friends suffer.
9. They can't make him talk.

87. Les participes passés irréguliers

Ces particularités peuvent se grouper de la manière suivante:

1. Les participes passés qui se terminent par **-i**:

partir	parti
dormir	dormi
sortir	sorti
servir	servi
mentir	menti
sentir	senti
rire	ri
sourire	
suffire	suffi
suivre	suivi

2. Ceux qui se terminent par **-is** :

prendre	pris
apprendre	
comprendre	
entreprendre	
reprendre	
surprendre	
mettre	mis
admettre	
commettre	
omettre	
promettre	
soumettre	
acquérir	acquis
conquérir	conquis
asseoir	assis

3. Ceux qui se terminent par **-it** :

écrire	écrit
décrire	
inscrire	
transcrire	
dire	dit
construire	construit
détruire	
conduire	conduit
introduire	
produire	
réduire	
traduire	

4. Ceux qui se terminent par **-ert** :

offrir	offert
ouvrir	ouvert
couvrir	couvert
découvrir	découvert
souffrir	souffert

5. Ceux qui se terminent par **-int**:

atteindre	atteint
craindre	craint
éteindre	éteint
joindre	joint
peindre	peint
plaindre	plaint

6. Ceux qui se terminent par **-u**:

avoir	eu
boire	bu
croire	cru
devoir	dû
falloir	fallu
pleuvoir	plu
recevoir	reçu
savoir	su
pouvoir	pu
valoir	valu
voir	vu
vouloir	voulu
tenir	tenu
appartenir	
entretenir	
maintenir	
obtenir	
retenir	
soutenir	
venir	venu
devenir	
revenir	
convenir	
parvenir	
se souvenir	
courir	couru
lire	lu
battre	battu
combattre	

connaître	connu
reconnaître	
paraître	paru
disparaître	
reparaître	
plaire	plu
déplaire	
taire	tu
vivre	vécu

7. Les cas suivants ne tombent dans aucune des catégories précitées:

mourir	mort
naître	né
être	été
faire	fait

Si le participe passé se termine par une consonne, on fait entendre cette consonne quand le participe s'accorde avec un nom ou un pronom féminin:

Il est **mort**.
Elle est **morte**.

Voici les livres que nous avons **pris**.
Voici les mesures que nous avons **prises**.

C'est le stylo que vous m'avez **offert**.
C'est la bicyclette que vous m'avez **offerte**.

Souvenez-vous que le participe passé doit s'accorder avec un complément d'objet direct qui précède:

Ces lettres, elle **les** a **mises** dans le tiroir.

Mais:

Elle a **mis** les lettres dans le tiroir.

(**Lettres** ne précède pas; il n'y a pas d'accord.) Si ce complément est indirect, il n'y a pas non plus d'accord:

C'est à Marie que j'ai parlé.
Je lui ai parlé.

EXERCICE A.   *Mettez au passé composé.*

1. Il boit toute la nuit.
2. Je vous offre mon cœur.
3. La cause n'est pas perdue.
4. Tu lis tous les documents?
5. Vous croyez ce qu'il dit.
6. Nous connaissons la guerre.
7. Tu ne comprends pas.
8. Nous mettons longtemps à préparer ce coup.
9. Ils construisent une nouvelle théorie.
10. Vous réduisez les dépenses.
11. Je reçois une juste punition.
12. Il doit se tenir au courant de ce qui se passe.
13. Nous transcrivons exactement ses paroles.
14. Faut-il que je m'en souvienne?
15. Vous lui soumettez vos écrits?
16. Vous voulez abuser de ma bonté?
17. Il parvient à ses fins.
18. Je vis dans le désespoir.
19. Nous retenons trois places.
20. Elles rient de votre ineptie.
21. Ils décident des accords locaux.
22. Tu découvres les secrets de la mer.
23. Nous ne souffrons plus.

EXERCICE B.   *Transformez les phrases suivantes en vous conformant au modèle.*

MODÈLE   Elle a fait cette peinture.
             Voilà la peinture qu'elle a faite.

1. Il a traduit cette pièce.
2. J'ai pris cette route.

3. Vous avez mis cette chemise.
4. Nous lui avons offert ces fleurs.
5. Ils ont construit ces maisons.
6. Tu as décrit admirablement cette ville.
7. Elle a appris cette nouvelle.
8. Nous y avons joint cette lettre.

EXERCICE C.   *Mettez les phrases suivantes au passé composé.*
MODÈLE   Vous prenez ce train?
   Vous avez pris ce train?

1. Ils rient de moi.
2. Cela suffit à mes amis.
3. Elle s'assoit près de vous.
4. Nous construisons une nouvelle théorie.
5. Je souffre de rhumatisme.
6. Vous reduisez les dépenses au minimum?
7. Vous craignez la vérité.
8. Nous recevons ce soir.
9. Ils suivent leurs chefs.
10. Je renais auprès de toi.
11. Nous pouvons résoudre la difficulté.
12. Je meurs de faim.
13. Cela me vaut une augmentation.
14. Il conquiert son cœur?
15. Vous m'offrez tout cela?
16. Elle se tait devant moi.
17. Cela vous plaît?
18. Il faut qu'il en soit ainsi.
19. Il devient vieux et prudent.
20. Ils lisent tout ce que j'écris.

88.   Les verbes irréguliers à deux radicaux

Plusieurs verbes, comme **tenir**, **recevoir**, etc., présentent les
particularités suivantes: au temps présent ils ont au singulier

et à la troisième personne du pluriel un même radical qui
diffère de celui des deux premières personnes du pluriel:

tenir		recevoir	
je t**ie**ns	nous tenons	je re**çoi**s	nous rec**e**vons
tu t**ie**ns	vous tenez	tu re**çoi**s	vous rec**e**vez
il t**ie**nt	ils t**ie**nnent	il re**çoi**t	ils re**çoi**vent

devoir		boire	
je d**oi**s	nous d**e**vons	je b**oi**s	nous b**u**vons
tu d**oi**s	vous d**e**vez	tu b**oi**s	vous b**u**vez
il d**oi**t	ils d**oi**vent	il b**oi**t	ils b**oi**vent

Il en est de même des verbes **pouvoir, vouloir** et **mourir**:

pouvoir		vouloir	
je p**eu**x	nous p**ou**vons	je v**eu**x	nous v**ou**lons
tu p**eu**x	vous p**ou**vez	tu v**eu**x	vous v**ou**lez
il p**eu**t	ils p**eu**vent	il v**eu**t	ils v**eu**lent

mourir	
je m**eu**rs	nous m**ou**rons
tu m**eu**rs	vous m**ou**rez
il m**eu**rt	ils m**eu**rent

EXERCICE A.   *Répondez affirmativement.*
MODÈLE   Vous venez?
          Oui, je viens.

1. Savez-vous ce que vous voulez?
2. Vouz retenez cette chambre?
3. Vous souvenez-vous de moi?
4. Pouvez-vous me dire pourquoi vous buvez tant?
5. Vous soutenez que vous mourez de chaleur?
6. Vous recevez souvent des lettres comme celle-là?
7. Devez-vous partir à minuit?
8. Voulez-vous savoir ce que je sais?
9. Est-ce que je dois décider maintenant?
10. Est-ce que je bois trop?

Strasbourg — capitale de l'Alsace, siège du Conseil de l'Europe

EXERCICE B.   *Mettez au pluriel.*

MODÈLE   Je deviens curieux.
          Nous devenons curieux.

1. Je tiens mes promesses.
2. Tu dois m'en parler.
3. Il veut des éclaircissements.
4. Je peux vous expliquer.
5. Tu ne meurs pas encore.

6. Elle se souvient de cette nuit.
7. Tu bois si vite.
8. Il reçoit des cartes-postales.
9. Il ne vous appartient plus.
10. Tu sais ce que tu veux.

89. *Vouloir, valoir*

Le verbe **vouloir** (*to want, will*) a deux radicaux:

présent:
je veux   nous v**ou**lons
tu veux   vous v**ou**lez
ils veut   ils veulent

imparfait:
je voulais, etc.

futur:
je voudrai, etc.

passé composé:
j'ai voulu, etc.

Je veux est très affirmatif:

Elle doit rester ici. Je le veux (j'insiste).

Pour exprimer un simple désir, on emploie le plus souvent le conditionnel de politesse:

Je voudrais vous demander un service.

Je veux bien équivaut à: **être consentant**, **accepter**:

Voulez-vous venir ce soir? Oui, je veux bien (j'accepte).

A la deuxième ou troisième personne ces distinctions sont moins importantes. **Voulez-vous bien** s'emploie comme forme de politesse:

Voulez-vous bien me suivre?

Vouloir s'emploie au passé composé pour indiquer que la volonté du sujet s'est réalisée, en partie ou totalement:

Il a voulu lui parler (c'est-à-dire: il a essayé de lui parler **ou** il a insisté pour lui parler et il y a réussi).

Comparez:

Il voulait lui parler (on ne sait pas s'il y a réussi).

Au négatif le passé composé implique un refus:

Je n'ai pas voulu y aller (j'ai refusé d'y aller).

La tournure anglaise *I would have liked to do* s'exprime en français au moyen du conditionnel passé: **J'aurais voulu faire**:

J'aurais voulu rester à Paris.

Le verbe **valoir** (*to be worth*):

présent:

je vaux	nous valons
tu vaux	vous valez
il vaut	ils valent

imparfait:
il valait, etc.

futur:
il vaudra, etc.

passé composé:
il a valu, etc.

Valoir s'emploie souvent impersonnellement suivi de l'adverbe **mieux**:

> Il vaut mieux rester à la maison (il est préférable de rester à la maison).
> Il aurait mieux valu y renoncer (il aurait été préférable d'y renoncer).

Il peut s'employer transitivement:

> Son assiduité lui a valu une promotion. (Il a été promu parce qu'il était travailleur.)
> Cela n'en vaut pas la peine. (Cela ne mérite pas l'effort.)
> Cette maison vaut 300.000 francs. (C'est le prix qu'elle a coûté.)

EXERCICE A. *Donnez l'équivalent des phrases suivantes en employant le verbe* **vouloir**.
MODÈLE   Il a refusé de venir.
> *Il n'a pas voulu venir.*

1. Je désire un peu de café, s'il vous plaît.
2. Je désire très vivement qu'il sorte d'ici.
3. Il a décidé de profiter de la situation et il en a profité.
4. Elle désirait venir vous parler.
5. Montez, s'il vous plaît.
6. Je ne refuse pas de vous accompagner.
7. J'aurais aimé voir ce film.

EXERCICE B. *Faites le même exercice en employant le verbe* **valoir**.

1. Il est préférable de quitter cette ville.
2. Il serait plus prudent de rester tranquille.
3. Cette montre a une valeur de 750 francs.
4. Ne cherchez plus; cela n'a aucune importance.
5. Il aurait été préférable d'y penser plus tôt.

90. *Devoir, falloir*

Employé avec un complément direct, le verbe **devoir** signifie *to owe*:

> Il me doit cent francs.
> Je vous dois la vie.

Le verbe **devoir** s'emploie avec un infinitif complément pour exprimer:

> 1. l'obligation ou la nécessité:
>
>> Je dois faire ce travail.
>> A cette époque il devait se lever tous les matins à cinq heures. (Il était obligé régulièrement de le faire.)
>> Hier matin, il a dû se lever à cinq heures. (Il s'agit d'une seule action.)
>
> 2. la supposition ou la probabilité:
>
>> Sa voiture est devant la porte; il doit être là.
>> Vous n'avez plus votre parapluie; vous avez dû le laisser dans le taxi.
>
> 3. l'intention ou la réalisation probable d'un fait futur:
>
>> Nous devons déjeuner ensemble demain. (Nous avons l'intention de déjeuner.)
>> Je devais jouer au tennis avec elle hier après-midi. (Nous avions l'intention de jouer.)
>
> 4. au conditionnel, diverses nuances de l'idée d'obligation morale représentée en anglais par *should, should have, ought to, ought to have*:

Vous devriez moins manger.   *You ought to eat less.*
Je devrais étudier davantage.   *I should . . .*
Vous auriez dû m'en parler.   *You should have . . .*
Vous n'auriez pas dû manger cela.   *You shouldn't
   have . . .*
J'aurais dû me coucher plus tôt.   *I should have . . .*

Voici un tableau des formes verbales anglaises qui correspondent approximativement aux différents emplois du
verbe **devoir** :

Je dois + inf.   *I have to, I must, I am to, I am supposed to*
Je devais + inf.   *I was to, I was supposed to, I had to (regularly)*
J'ai dû + inf.   *I had to (once)*
J'ai dû + inf.   *I must have, I probably have*
Je devrais + inf.   *I should, I ought to*
J'aurais dû + inf.   *I should have, I ought to have*
Je ne dois pas + inf.   *I must not*

Le verbe **falloir** peut remplacer **devoir** dans la plupart
des cas suivants :

devoir	falloir
Je dois faire ce travail.	Il faut que je fasse ce travail.
Il devait se lever tous les matins.	Il fallait qu'il se lève tous les matins.
Il a dû se lever ce matin.	Il a fallu qu'il se lève ce matin.
Je devrais étudier davantage.	Il faudrait que j'étudie davantage.
Je n'aurais pas dû partir.	Il n'aurait pas fallu que je parte.

Lorsqu'on veut exprimer une vérité d'ordre général, on emploie
falloir avec l'infinitif :

Il faut manger pour vivre et non pas vivre pour manger.
Il faut travailler pour réussir.

Remarquez l'emploi de **falloir** avec un complément direct :

> Il me faut de l'argent. (J'ai besoin d'argent.)
> Il faudrait deux heures pour y aller. (On aurait besoin de deux heures pour y aller.)

Avec les verbes **falloir** et **devoir**, la négation signifie *must not* plutôt que *not necessary*. Ainsi :

> Cela est absolument défendu. Il ne faut pas le faire.
> C'est un secret. Tu ne dois en parler à personne.

Pour exprimer *it is not necessary* on emploie d'autres expressions :

> Il n'est pas nécessaire ⎫
> Vous n'avez pas besoin ⎬ de faire cela.
> Vous n'êtes pas obligé ⎭

EXERCICE A. *Remplacez falloir par devoir.*
MODÈLE   Il faut que je lui parle.
> *Je dois lui parler.*

1. Il faut que je me dépêche.
2. Il faudrait que vous vous cachiez.
3. Il faudra que nous lui écrivions.
4. Il aurait fallu que j'y pense.
5. Il fallait que tu le fasses.
6. Il a fallu que nous y renoncions.

EXERCICE B. *Faites une phrase équivalente en utilisant le verbe devoir.*
MODÈLE   Il est probablement chez lui maintenant.
> *Il doit être chez lui maintenant.*

1. Ils avaient l'intention de se retrouver au café.
2. Elle vous a probablement oublié.
3. Vous feriez bien de moins fumer.
4. Je regrette d'avoir mangé ces champignons.
5. Nous avons été obligés de vendre la maison.

6. Gilbert m'a emprunté cent francs.
7. Vous avez eu tort de me tromper.
8. Il aurait bien fait de dominer ses passions.
9. Elle a sans doute appris la nouvelle.
10. Tu ferais bien de ne plus y penser.

EXERCICE C. *Traduisez en français en employant* **devoir** *ou* **falloir**.

1. I owe him a lot.
2. We'll need three hours.
3. You shouldn't do that.
4. She was supposed to read this.
5. They ought to have spoken to you.
6. I must have left them at your house.
7. One must do one's best.
8. It's not necessary to explain.
9. You mustn't say that.

91. Les particularités orthographiques de certains verbes en *-er*

1. Les verbes en -cer
Pour que le **c** conserve le son qu'il a à l'infinitif, on lui ajoute une cédille devant les terminaisons commençant par **a** ou **o**. Sans la cédille, le **c** se prononcerait /k/ :

commencer   participe présent : commen**ç**ant

présent	imparfait	passé défini
je commence	je commen**ç**ais	je commen**ç**ai
tu commences	tu commen**ç**ais	tu commen**ç**as
il commence	il commen**ç**ait	il commen**ç**a
nous commen**ç**ons	nous commencions	nous commen**ç**âmes
vous commencez	vous commenciez	vous commen**ç**âtes
ils commencent	ils commen**ç**aient	ils commencèrent

Les verbes **avancer, effacer, forcer, s'efforcer, prononcer, tracer,** etc., se conjuguent selon le même modèle.

2. Les verbes en **-ger**
Pour des raisons analogues on ajoute un **e** après le **g** devant les terminaisons commençant par **a** ou **o.** Sans cet **e** la lettre **g** se prononcerait /g/:

manger   participe présent: mangeant

présent	imparfait	passé défini
je mange	je mangeais	je mangeai
tu manges	tu mangeais	tu mangeas
il mange	il mangeait	il mangea
nous mangeons	nous mangions	nous mangeâmes
vous mangez	vous mangiez	vous mangeâtes
ils mangent	ils mangeaient	ils mangèrent

Les verbes **changer, échanger, partager, protéger, ronger,** etc., se conjuguent selon le même modèle.

3. Les verbes comme **acheter, mener, lever,** etc.
Les verbes comme **acheter,** dont le radical contient un **e** muet (achet-), changent cet **e** en **è** devant une syllabe muette: achète /aʃɛt/, achètera /aʃɛtra/:

acheter

présent	futur	conditionnel
j'achète	j'achèterai	j'achèterais
tu achètes	tu achèteras	tu achèterais
il achète	il achètera	il achèterait
nous achetons	nous achèterons	nous achèterions
vous achetez	vous achèterez	vous achèteriez
ils achètent	ils achèteront	ils achèteraient

Les verbes **amener, lever, mener, se promener, soulever,** etc., se conjuguent selon le même modèle.

Note: Certains verbes, tels que **jeter**, **appeler**, etc., qui se terminent par **-eler** ou **-eter**, redoublent la consonne devant une syllabe muette:

jeter

présent:
je jette, tu jettes, il jette, nous jetons, vous jetez, ils jettent

futur:
je jetterai, tu jetteras, etc.

appeler

présent:
j'appelle, tu appelles, il appelle, nous appelons, vous appelez, ils appellent

futur:
j'appellerai, tu appelleras, etc.

4. Les verbes comme **préférer**, **céder**, **espérer**, etc.
Les verbes comme **préférer**, dont le radical contient un **é** (préf**é**rer), changent cet **é** en **è** devant une syllabe muette:

espérer

présent	futur	conditionnel
j'esp**è**re	j'espérerai	j'espérerais
tu esp**è**res	tu espéreras	tu espérerais
il esp**è**re	il espérera	il espérerait
nous espérons	nous espérerons	nous espérerions
vous espérez	vous espérerez	vous espéreriez
ils esp**è**rent	ils espéreront	ils espéreraient

Les verbes **céder**, **célébrer**, **s'inquiéter**, **protéger**, **régner**, etc., se conjuguent selon le même modèle.

5. Les verbes en **-oyer, -uyer, -ayer**
Les verbes comme **nettoyer,** etc., changent l'**y** du radical en **i** devant une syllabe muette:

nettoyer

présent	futur	conditionnel
je nettoie	je nettoierai	je nettoierais
tu nettoies	tu nettoieras	tu nettoierais
il nettoie	il nettoiera	il nettoierait
nous nettoyons	nous nettoierons	nous nettoierions
vous nettoyez	vous nettoierez	vous nettoieriez
ils nettoient	ils nettoieront	ils nettoieraient

Les verbes **appuyer** (*to lean*), **ennuyer, essuyer** (*to wipe*), **payer, essayer**, etc., se conjuguent selon le même modèle.
Note: Les verbes en **-ayer** peuvent conserver l'**y** devant une syllabe muette (je paie ou je paye).

EXERCICE A.   *Mettez au pluriel.*
MODÈLE   J'achète
         Nous achetons

1. Je mène   2. Il appuie   3. Tu changes   4. J'essaie
5. Elle prononça   6. Je partage   7. Tu achètes   8. Je
trace   9. Ils avancèrent   10. Je protège   11. Tu nettoies

EXERCICE B.   *Mettez au futur.*
MODÈLE   Nous menons
         Nous mènerons

1. Nous achetons   2. Vous m'appelez   3. Il s'ennuie
4. Vous vous promenez   5. Nous commençons   6. Je
m'efface   7. Ils espèrent   8. Vous essuyez   9. Tu te
lèves   10. Nous partageons

EXERCICE C.   *Mettez à l'imparfait.*
MODÈLE   Je me lève
         Je me levais

1. Je prononce   2. Nous changeons   3. Ils s'ennuient
4. Tu amènes   5. Je protège   6. Tu paies   7. Vous
nettoyez   8. Nous avançons   9. Ils appellent   10. Il
projette

92.   L'emploi de *penser à, penser de*

Le verbe **penser** peut être suivi de deux prépositions, **à** ou **de**.
On emploie **à** quand il s'agit simplement d'indiquer l'objet de
la pensée:

> **A quoi** pensez-vous? Je ne pense **à rien**.
> Tu penses **à tes examens**? Oui, **j'y pense**.
> Tu penses **à ta mère**? Oui, je pense **à elle**.

S'il s'agit de formuler une opinion ou un jugement, on
emploie **penser + de**:

> Que pensez-vous **de cet article**? Je n'**en** pense pas grand-
> chose. (Quelle est votre opinion?)
> Que pensez-vous **de Jean-Pierre**? Je ne sais pas ce que
> je pense **de lui**. C'est une énigme.[1]

EXERCICE A.   *Remplacez les noms par les pronoms qui con-*
viennent.
MODÈLE   Vous pensez à cette femme.
           Vous pensez à elle.

          Vous pensez du bien de mes amis.
          Vous pensez du bien d'eux.

1. Vous savez ce que je pense de Rabelais.
2. Il pensait à son amie.

---

[1] Remarquez qu'avec le verbe **penser** les pronoms **y** et **en** se placent
devant le verbe, tandis que les pronoms se rapportant à des personnes se
placent après le verbe.

3. Vous pensez à la conquête du monde.
4. Ne pensez plus à ces gens-là.
5. Pensez à la situation actuelle.

EXERCICE B. *Mettez* **à** *ou* **de** *à la place des tirets.*

1. Penserez-vous _____ moi?
2. Que pensez-vous _____ moi?
3. Je pense _____ elle tout le temps.
4. Que penses-tu _____ elle?
5. Que pense-t-il _____ ça?
6. Il ne faut pas penser _____ ça.
7. Je ne sais pas ce que je pense _____ lui.
8. Je ne pensais _____ personne.

93. Les verbes impersonnels

Certains verbes et locutions verbales s'emploient presque exclusivement à la troisième personne du singulier, le sujet **il** ayant une valeur impersonnelle. Voici les plus courants:

1. **il faut** (suivi d'un nom, d'un infinitif ou d'une proposition avec un verbe au subjonctif):

   Il faut du courage pour vivre.
   Il faut travailler.
   Il faut que nous nous dépêchions

2. Les verbes indiquant le temps qu'il fait:

   Il vente. *It's windy.*
   Il fait froid.
   Il neige.

3. **il y a**

   Il y a des semaines qu'elle souffre d'insomnie.
   Il y avait beaucoup de possibilités.

Attention: **il y a** s'emploie toujours au singulier.

Beaucoup de verbes personnels peuvent s'employer impersonnellement. Ils sont alors suivis d'un nom, d'un pronom, d'un
infinitif ou d'une proposition:

1. **il vaut mieux**   *it is better*

> Il vaut mieux se taire.
> Il vaudrait mieux que je m'en aille.

2. **rester**

> Il me reste très peu d'argent. *I have very little money left.*

3. **il convient** (**de**)

> Il convient de vous excuser auprès d'elle (vous devriez vous excuser . . .).

4. **il suffit** (**de**)

> Il suffit de me prévenir quelques jours d'avance.

5. **il s'agit** (**de**)

> Il s'agit de faire une enquête.
> Il s'agissait de Monique, pas de moi.[1]

6. **il est + adjectif + de + infinitif**

> Il est difficile de comprendre ce passage.
> Il est agréable de ne rien faire.

---

[1] Attention: Ne dites jamais: Ce roman s'agit de . . . . Il faut dire:
Dans ce roman, **il s'agit de** . . .

Certains verbes personnels, tels que **arriver, venir** et **se passer**, se construisent impersonnellement lorsqu'il s'agit de mettre en valeur l'action qu'ils expriment:

Il est arrivé des gens vêtus de noir.
Il m'est venu à l'esprit une pensée bizarre.
Il se passe quelque chose d'intéressant?

mais:

Vous arrivez fort à propos.
Vous venez au bon moment.
On peut se passer de vos observations.

EXERCICE A. *Transformez les phrases suivantes en employant la locution impersonnelle indiquée.*
MODÈLE Je devais me dépêcher. (Il fallait)
   Il fallait que je me dépêche.

1. Plusieurs accidents ont eu lieu ici. (Il est arrivé)
2. Nous ferions bien de quitter cette ville. (Il vaudrait mieux)
3. Je n'avais qu'un seul ami. (Il me restait)
4. Vous n'avez qu'à exprimer vos moindres désirs. (Il suffit)
5. Vous devriez répondre franchement. (Il convient)
6. Mon bonheur était en question. (Il s'agissait)
7. Trois beaux châteaux se trouvent là-bas. (Il y a)

appendices

appendice a.
l'alphabet
phonétique

Symbole	Exemple	Transcription
/a/	date	/dat/
/ɑ/	pâte	/pɑt/
/e/	été	/ete/
/ɛ/	dette	/dɛt/
/i/	ici	/isi/
/o/	gros	/gro/
/ɔ/	robe	/rɔb/
/u/	vous	/vu/
/ə/	regarder	/rəgarde/
/y/	du	/dy/
/ø/	peu	/pø/
/œ/	peur	/pœr/
/ɑ̃/	enfant	/ɑ̃fɑ̃/
/ɛ̃/	vin	/vɛ̃/
/ɔ̃/	bon	/bɔ̃/
/œ̃/	un	/œ̃/
/b/	bien	/bjɛ̃/
/d/	douze	/duz/
/f/	français	/frɑ̃sɛ/
/g/	garçon	/garsɔ̃/
/ʒ/	juge	/ʒyʒ/
/j/	brillant	/brijɑ̃/
/k/	café	/kafe/
/l/	la	/la/
/m/	moi	/mwa/
/n/	note	/nɔt/
/ɲ/	magnifique	/maɲifik/

/p/	pipe	/pip/
/r/	rouge	/ruʒ/
/s/	sa	/sa/
/ʃ/	chemise	/ʃəmiz/
/t/	tôt	/to/
/v/	voilà	/vwala/
/w/	oui	/wi/
/ɥ/	suis	/sɥi/
/z/	zéro	/zero/

appendice b. la conjugaison des verbes

1. La conjugaison des verbes *avoir* et *être*

Infinitif

avoir   **être**

Participe présent

ayant   étant

Participe passé

eu   été

Présent de l'indicatif

j'ai	nous avons	je suis	nous sommes
tu as	vous avez	tu es	vous êtes
il a	ils ont	il est	ils sont

Imparfait

j'avais	nous avions	j'étais	nous étions
tu avais	vous aviez	tu étais	vous étiez
il avait	ils avaient	il était	ils étaient

Passé simple

j'eus	nous eûmes	je fus	nous fûmes
tu eus	vous eûtes	tu fus	vous fûtes
il eut	ils eurent	il fut	ils furent

Futur

j'aurai	nous aurons	je serai	nous serons
tu auras	vous aurez	tu seras	vous serez
il aura	ils auront	il sera	ils seront

Conditionnel

j'aurais	nous aurions	je serais	nous serions
tu aurais	vous auriez	tu serais	vous seriez
il aurait	ils auraient	il serait	ils seraient

Impératif

	ayons		soyons
aie	ayez	sois	soyez

Présent du subjonctif

j'aie	nous ayons	je sois	nous soyons
tu aies	vous ayez	tu sois	vous soyez
il ait	ils aient	il soit	ils soient

Imparfait du subjonctif

j'eusse	nous eussions	je fusse	nous fussions
tu eusses	vous eussiez	tu fusses	vous fussiez
il eût	ils eussent	il fût	ils fussent

Passé composé

j'ai eu, etc.   j'ai été, etc.

Plus-que-parfait

j'avais eu, etc.   j'avais été, etc.

Passé antérieur

j'eus eu, etc.   j'eus été, etc.

Futur antérieur

j'aurai eu, etc.   j'aurai été, etc.

Conditionnel antérieur

j'aurais eu, etc.   j'aurais été, etc.

Passé du subjonctif

j'aie eu, etc.   j'aie été, etc.

Plus-que-parfait du subjonctif

j'eusse eu, etc.   j'eusse été, etc.

2. Les verbes réguliers

Verbes en -*er*	Verbes en -*ir*	Verbes en -*re*
	Infinitif	
porter	finir	attendre
	Participe présent	
portant	finissant	attendant
	Participe passé	
porté	fini	attendu
	Présent de l'indicatif	
je porte	je finis	j'attends
tu portes	tu finis	tu attends
il porte	il finit	il attend
nous portons	nous finissons	nous attendons
vous portez	vous finissez	vous attendez
ils portent	ils finissent	ils attendent
	Impératif	
porte	finis	attends
portons	finissons	attendons
portez	finissez	attendez
	Imparfait de l'indicatif	
je portais	je finissais	j'attendais
tu portais	tu finissais	tu attendais
il portait	il finissait	il attendait
nous portions	nous finissions	nous attendions
vous portiez	vous finissiez	vous attendiez
ils portaient	ils finissaient	ils attendaient
	Futur simple	
je porterai	je finirai	j'attendrai
tu porteras	tu finiras	tu attendras
il portera	il finira	il attendra
nous porterons	nous finirons	nous attendrons
vous porterez	vous finirez	vous attendrez
ils porteront	ils finiront	ils attendront

Conditionnel

je porterais	je finirais	j'attendrais
tu porterais	tu finirais	tu attendrais
il porterait	il finirait	il attendrait
nous porterions	nous finirions	nous attendrions
vous porteriez	vous finiriez	vous attendriez
ils porteraient	ils finiraient	ils attendraient

Passé simple

je portai	je finis	j'attendis
tu portas	tu finis	tu attendis
il porta	il finit	il attendit
nous portâmes	nous finîmes	nous attendîmes
vous portâtes	vous finîtes	vous attendîtes
ils portèrent	ils finirent	ils attendirent

Présent du subjonctif

je porte	je finisse	j'attende
tu portes	tu finisses	tu attendes
il porte	il finisse	il attende
nous portions	nous finissions	nous attendions
vous portiez	vous finissiez	vous attendiez
ils portent	ils finissent	ils attendent

Imparfait du subjonctif

je portasse	je finisse	j'attendisse
tu portasses	tu finisses	tu attendisses
il portât	il finît	il attendît
nous portassions	nous finissions	nous attendissions
vous portassiez	vous finissiez	vous attendissiez
ils portassent	ils finissent	ils attendissent

Passé composé

j'ai porté, etc.	j'ai fini, etc.	j'ai attendu, etc.

Plus-que-parfait de l'indicatif

j'avais porté, etc.	j'avais fini, etc.	j'avais attendu, etc.

Passé antérieur

j'eus porté, etc.	j'eus fini, etc.	j'eus attendu, etc.

Futur antérieur

j'aurai porté, etc.   j'aurai fini, etc.   j'aurai attendu, etc.

Passé du conditionnel

j'aurais porté, etc.   j'aurais fini, etc.   j'aurais attendu, etc.

Passé du subjonctif

j'aie porté, etc.   j'aie fini, etc.   j'aie attendu, etc.

Plus-que-parfait du subjonctif

j'eusse porté, etc.   j'eusse fini, etc.   j'eusse attendu, etc.

Exemple d'un verbe conjugué avec **être** aux temps composés:
  passé de l'infinitif: être allé
  passé composé: je suis allé(e), etc.
  plus-que-parfait: j'étais allé(e), etc.
  passé antérieur: je fus allé(e), etc.
  futur antérieur: je serai allé(e), etc.
  conditionnel antérieur: je serais allé(e), etc.
  passé du subjonctif: je sois allé(e), etc.
  plus-que-parfait du subjonctif: je fusse allé(e), etc.

3.   Les verbes irréguliers

Les chiffres renvoient au tableau des verbes irréguliers dans les pages suivantes.

abattre, 3	conduire, 5	déplaire, 28
admettre, 23	connaître, 6	détruire, 5
aller, 1	construire, 5	devenir, 40
apercevoir, 32	contenir, 37	devoir, 11
appartenir, 37	courir, 7	dire, 12
apprendre, 31	craindre, 8	dormir, 13
avoir, 2	croire, 9	écrire, 14
battre, 3	cueillir, 10	émouvoir, 25
boire, 4	découvrir, 27	endormir, 13
comprendre, 31	décrire, 14	enfreindre, 8
concevoir, 32	démettre, 23	envoyer, 15

s'éprendre, 31	ouvrir, 27	rire, 33
éteindre, 8	paraître, 6	savoir, 34
être, 16	partir, 13	sentir, 13
faire, 17	peindre, 8	servir, 13
falloir, 18	permettre, 23	sortir, 13
fuir, 19	plaindre, 8	souffrir, 27
gésir, 20	plaire, 28	sourire, 33
haïr, 12	pleuvoir, 29	soutenir, 37
interdire, 12	pouvoir, 30	se souvenir de, 40
introduire, 5	prendre, 31	suffire, 35
joindre, 8	prévenir, 40	suivre, 36
lire, 22	prévoir, 42	se taire, 28
mentir, 13	promettre, 23	tenir, 37
mettre, 23	recevoir, 32	traduire, 5
mourir, 24	reconnaître, 6	vaincre, 38
mouvoir, 25	remettre, 23	valoir, 39
naître, 26	renvoyer, 15	venir, 40
obtenir, 37	retenir, 37	vivre, 41
offrir, 27	revenir, 40	voir, 42
omettre, 23	revoir, 42	vouloir, 43

1. **aller**, *to go*
   Inf aller; *Fut* irai; *Cond* irais
   Part prés allant; *Impf* allais; *Prés subj* aille, ailles, aille, allions, alliez, aillent
   Part passé allé; *Passé composé* je suis allé
   Prés ind vais, vas, va, allons, allez, vont
   Passé simple allai; *Impf subj* allasse
   De même: **s'en aller**, *to go away*

2. **avoir**, *to have:* voir pp. 205–206

3. **battre**, *to beat*
   Inf battre; *Fut* battrai; *Cond* battrais
   Part prés battant; *Impf* battais; *Prés subj* batte, battes, batte, battions, battiez, battent
   Part passé battu; *Passé composé* j'ai battu
   Prés ind bats, bats, bat, battons, battez, battent
   Passé simple battis; *Impf subj* battisse
   De même: **se battre**, *to fight;* **s'abattre**, *to alight*

4. **boire**, *to drink*
   Inf boire;   *Fut* boirai;   *Cond* boirais
   Part prés buvant;   *Impf* buvais;   *Prés subj* boive, boives,
   boive, buvions, buviez, boivent
   Part passé bu;   *Passé composé* j'ai bu
   Prés ind bois, bois, boit, buvons, buvez, boivent
   Passé simple bus;   *Impf subj* busse

5. **conduire**, *to conduct, to drive* (*a car*)
   Inf conduire;   *Fut* conduirai;   *Cond* conduirais
   Part prés conduisant;   *Impf* conduisais;   *Prés subj* conduise,
   conduises, conduise, conduisions, conduisiez, conduisent
   Part passé conduit;   *Passé composé* j'ai conduit
   Prés ind conduis, conduis, conduit, conduisons, conduisez,
   conduisent
   Passé simple conduisis;   *Impf subj* conduisisse
   De même: **construire**, *to construct;* **détruire**, *to destroy;*
   introduire, *to introduce;* **traduire**, *to translate*

6. **connaître**, *to know, to be acquainted with*
   Inf connaître;   *Fut* connaîtrai;   *Cond* connaîtrais
   Part prés connaissant;   *Impf* connaissais;   *Prés subj* con-
   naisse, connaisses, connaisse, connaissions, connaissiez,
   connaissent
   Part passé connu;   *Passé composé* j'ai connu
   Prés ind connais, connais, connaît, connaissons, connaissez,
   connaissent
   Passé simple connus;   *Impf subj* connusse
   De même: **paraître**, *to seem;* **reconnaître**, *to recognize*

7. **courir**, *to run*
   Inf courir;   *Fut* courrai;   *Cond* courrais
   Part prés courant;   *Impf* courais;   *Prés subj* coure, coures,
   coure, courions, couriez, courent
   Part passé couru;   *Passé composé* j'ai couru
   Prés ind cours, cours, court, courons, courez, courent
   Passé simple courus;   *Impf subj* courusse

8. **craindre**, *to fear*

    Inf craindre;   *Fut* craindrai;   *Cond* craindrais

    Part prés craignant;   *Impf* craignais;   *Prés subj* craigne, craignes, craigne, craignions, craigniez, craignent

    Part passé craint;   *Passé composé* j'ai craint

    Prés ind crains, crains, craint, craignons, craignez, craignent

    Passé simple craignis;   *Impf subj* craignisse

    De même: **enfreindre**, *to break, to infringe;* **éteindre**, *to extinguish;* **joindre**, *to join;* **peindre**, *to paint;* **plaindre**, *to pity;* **se plaindre**, *to complain*

9. **croire**, *to believe*

    Inf croire;   *Fut* croirai;   *Cond* croirais

    Part prés croyant;   *Impf* croyais;   *Prés subj* croie, croies, croie, croyions, croyiez, croient

    Part passé cru;   *Passé composé* j'ai cru

    Prés ind crois, crois, croit, croyons, croyez, croient

    Passé simple crus;   *Impf subj* crusse

10. **cueillir**, *to gather, to pick*

    Inf cueillir;   *Fut* cueillerai;   *Cond* cueillerais

    Part prés cueillant;   *Impf* cueillais;   *Prés subj* cueille, cueilles, cueille, cueillions, cueilliez, cueillent

    Part passé cueilli;   *Passé composé* j'ai cueilli

    Prés ind cueille, cueilles, cueille, cueillons, cueillez, cueillent

    Passé simple cueillis;   *Impf subj* cueillisse

11. **devoir**, *to owe, must*

    Inf devoir;   *Fut* devrai;   *Cond* devrais

    Part prés devant;   *Impf* devais;   *Prés subj* doive, doives, doive, devions, deviez, doivent

    Part passé dû (*fém.* due);   *Passé composé* j'ai dû

    Prés ind dois, dois, doit, devons, devez, doivent

    Passé simple dus;   *Impf subj* dusse

12. **dire**, *to say, to tell*
    Inf dire;   *Fut* dirai;   *Cond* dirais
    Part prés disant;   *Impf* disais;   *Prés subj* dise, dises, dise,
    disions, disiez, disent
    Part passé dit;   *Passé composé* j'ai dit
    Prés ind dis, dis, dit, disons, dites, disent
    Passé simple dis;   *Impf subj* disse
    De même : **interdire**, *to forbid* (sauf : **vous interdisez**)

13. **dormir**, *to sleep*
    Inf dormir;   *Fut* dormirai;   *Cond* dormirais
    Part prés dormant;   *Impf* dormais;   *Prés subj* dorme,
    dormes, dorme, dormions, dormiez, dorment
    Part passé dormi;   *Passé composé* j'ai dormi
    Prés ind dors, dors, dort, dormons, dormez, dorment
    Passé simple dormis;   *Impf subj* dormisse
    De même : **endormir**, *to put to sleep;*   **s'endormir**, *to go to
    sleep;*   **mentir**, *to lie;*   **partir**, *to leave* (auxiliaire **être**);
    sentir, *to feel;*   **se sentir**, *to feel;*   **sortir**, *to go out*
    (auxiliaire **être**);   **servir**, *to serve;*   **se servir de**, *to use*

14. **écrire**, *to write*
    Inf écrire;   *Fut* écrirai;   *Cond* écrirais
    Part prés écrivant;   *Impf* écrivais;   *Prés subj* écrive, écrives,
    écrive, écrivions, écriviez, écrivent
    Part passé écrit;   *Passé composé* j'ai écrit
    Prés ind écris, écris, écrit, écrivons, écrivez, écrivent
    Passé simple écrivis;   *Impf subj* écrivisse
    De même : **décrire**, *to describe*

15. **envoyer**, *to send*
    Inf envoyer;   *Fut* enverrai;   *Cond* enverrais
    Part prés envoyant;   *Impf* envoyais;   *Prés subj* envoie,
    envoies, envoie, envoyions, envoyiez, envoient
    Part passé envoyé;   *Passé composé* j'ai envoyé
    Prés ind envoie, envoies, envoie, envoyons, envoyez,
    envoient
    Passé simple envoyai;   *Impf subj* envoyasse
    De même : **renvoyer**, *to send away, to send back*

16. **être**, *to be :* voir pp. 205–206

17. **faire**, *to do, to make*
   Inf faire;   *Fut* ferai;   *Cond* ferais
   Part prés faisant;   *Impf* faisais;   *Prés subj* fasse, fasses, fasse,
      fassions, fassiez, fassent
   Part passé fait;   *Passé composé* j'ai fait
   Prés ind fais, fais, fait, faisons, faites, font
   Passé simple fis;   *Impf subj* fisse

18. **falloir**, *must, to be necessary* (impersonnel)
   Inf falloir;   *Fut* faudra;   *Cond* il faudrait
   Part prés —;   *Impf* il fallait;   *Prés subj* il faille
   Part passé fallu;   *Passé composé* il a fallu
   Prés ind il faut
   Passé simple il fallut;   *Impf subj* il fallût

19. **fuir**, *to flee*
   Inf fuir;   *Fut* fuirai;   *Cond* fuirais
   Part prés fuyant;   *Impf* fuyais;   *Prés subj* fuie, fuies, fuie,
      fuyions, fuyiez, fuient
   Part passé fui;   *Passé composé* j'ai fui
   Prés ind fuis, fuis, fuit, fuyons, fuyez, fuient
   Passé simple fuis;   *Impf subj* fuisse
   De même : **s'enfuir**, *to flee, to escape*

20. **gésir**, *to lie*
   Inf gésir;   *Fut* —;   *Cond* —
   Part prés gisant;   *Impf* gisais;   *Prés subj* —
   Part passé —;   *Passé composé* —
   Prés ind —, —, gît, gisons, gisez, gisent
   Passé simple —;   *Impf subj* —

21. **haïr**, *to hate*
   Inf haïr;   *Fut* haïrai;   *Cond* haïrais
   Part prés haïssant;   *Impf* haïssais;   *Prés subj* haïsse, haïsses,
      haïsse, haïssions, haïssiez, haïssent
   Part passé haï;   *Passé composé* j'ai haï
   Prés ind hais, hais, hait, haïssons, haïssez, haïssent
   Passé simple haïs;   *Impf subj* haïsse

3. *Les verbes irréguliers*

22. **lire**, *to read*
    Inf lire;   *Fut* lirai;   *Cond* lirais
    Part prés lisant;   *Impf* lisais;   *Prés subj* lise, lises, lise, lisions, lisiez, lisent
    Part passé lu;   *Passé composé* j'ai lu
    Prés ind lis, lis, lit, lisons, lisez, lisent
    Passé simple lus;   *Impf subj* lusse

23. **mettre**, *to put*
    Inf mettre;   *Fut* mettrai;   *Cond* mettrais
    Part prés mettant;   *Impf* mettais;   *Prés subj* mette, mettes, mette, mettions, mettiez, mettent
    Part passé mis;   *Passé composé* j'ai mis
    Prés ind mets, mets, met, mettons, mettez, mettent
    Passé simple mis;   *Impf subj* misse
    De même : **admettre**, *to admit;*   **démettre**, *to dislocate;* **omettre**, *to omit;*   **permettre**, *to permit;*   **promettre**, *to promise;*   **remettre**, *to put back, to give to*

24. **mourir**, *to die*
    Inf mourir;   *Fut* mourrai;   *Cond* mourrais
    Part prés mourant;   *Impf* mourais;   *Prés subj* meure, meures, meure, mourions, mouriez, meurent
    Part passé mort;   *Passé composé* je suis mort
    Prés ind meurs, meurs, meurt, mourons, mourez, meurent
    Passé simple mourus;   *Impf subj* mourusse

25. **mouvoir**, *to move*
    Inf mouvoir;   *Fut* mouvrai;   *Cond* mouvrais
    Part prés mouvant;   *Impf* mouvais;   *Prés subj* meuve, meuves, meuve, mouvions, mouviez, meuvent
    Part passé mû (*fém.* mue);   *Passé composé* j'ai mû
    Prés ind meus, meus, meut, mouvons, mouvez, meuvent
    Passé simple mus;   *Impf subj* musse
    De même : **émouvoir**, *to move* (*the emotions*)

26. **naître**, *to be born*
   Inf naître; *Fut* naîtrai; *Cond* naîtrais
   Part prés naissant; *Impf* naissais; *Prés subj* naisse, naisses, naisse, naissions, naissiez, naissent
   Part passé né; *Passé composé* je suis né
   Prés ind nais, nais, naît, naissons, naissez, naissent
   Passé simple naquis; *Impf subj* naquisse

27. **ouvrir**, *to open*
   Inf ouvrir; *Fut* ouvrirai; *Cond* ouvrirais
   Part prés ouvrant; *Impf* ouvrais; *Prés subj* ouvre, ouvres, ouvre, ouvrions, ouvriez, ouvrent
   Part passé ouvert; *Passé composé* j'ai ouvert
   Prés ind ouvre, ouvres, ouvre, ouvrons, ouvrez, ouvrent
   Passé simple ouvris; *Impf subj* ouvrisse
   De même: **couvrir**, *to cover;* **découvrir**, *to discover;* **offrir**, *to offer;* **souffrir**, *to suffer*

28. **plaire**, *to please*
   Inf plaire; *Fut* plairai; *Cond* plairais
   Part prés plaisant; *Impf* plaisais; *Prés subj* plaise, plaises, plaise, plaisions, plaisiez, plaisent
   Part passé plu; *Passé composé* j'ai plu
   Prés ind plais, plais, plaît, plaisons, plaisez, plaisent
   Passé simple plus; *Impf subj* plusse
   De même: **déplaire**, *to displease;* **se taire**, *to be silent* (sauf **se tait**, sans circonflexe)

29. **pleuvoir**, *to rain* (impersonnel)
   Inf pleuvoir; *Fut* il pleuvra; *Cond* il pleuvrait
   Part prés pleuvant; *Impf* il pleuvait; *Prés subj* il pleuve
   Part passé plu; *Passé composé* il a plu
   Prés ind il pleut
   Passé simple il plut; *Impf subj* il plût

30. **pouvoir**, *can, to be able*
    Inf pouvoir; *Fut* pourrai; *Cond* pourrais
    Part prés pouvant; *Impf* pouvais; *Prés subj* puisse, puisses,
    puisse, puissions, puissiez, puissent
    Part passé pu; *Passé composé* j'ai pu
    Prés ind peux (puis), peux, peut, pouvons, pouvez, peuvent
    Passé simple pus; *Impf subj* pusse

31. **prendre**, *to take*
    Inf prendre; *Fut* prendrai; *Cond* prendrais
    Part prés prenant; *Impf* prenais; *Prés subj* prenne,
    prennes, prenne, prenions, preniez, prennent
    Part passé pris; *Passé composé* j'ai pris
    Prés ind prends, prends, prend, prenons, prenez, prennent
    Passé simple pris; *Impf subj* prisse
    De même: **apprendre**, *to learn, to teach;* **comprendre**, *to
    understand;* **s'éprendre**, *to fall in love*

32. **recevoir**, *to receive*
    Inf recevoir; *Fut* recevrai; *Cond* recevrais
    Part prés recevant; *Impf* recevais; *Prés subj* reçoive, re-
    çoives, reçoive, recevions, receviez, reçoivent
    Part passé reçu; *Passé composé* j'ai reçu
    Prés ind reçois, reçois, reçoit, recevons, recevez, reçoivent
    Passé simple reçus; *Impf subj* reçusse
    De même: **apercevoir**, *to perceive;* **concevoir**, *to conceive;*
    décevoir, *to disappoint*

33. **rire**, *to laugh*
    Inf rire; *Fut* rirai; *Cond* rirais
    Part prés riant; *Impf* riais; *Prés subj* rie, ries, rie, riions,
    riiez, rient
    Part passé ri; *Passé composé* j'ai ri
    Prés ind ris, ris, rit, rions, riez, rient
    Passé simple ris; *Impf subj* risse
    De même: **sourire**, *to smile*

34. **savoir**, *to know, to know how*
    Inf savoir; *Fut* saurai; *Cond* saurais
    Part prés sachant; *Impf* savais; *Prés subj* sache, saches,
    sache, sachions, sachiez, sachent
    Part passé su; *Passé composé* j'ai su
    Prés ind sais, sais, sait, savons, savez, savent; *Impérat* sache,
    sachons, sachez
    Passé simple sus; *Impf subj* susse

35. **suffire**, *to suffice*
    Inf suffire; *Fut* suffirai; *Cond* suffirais
    Part prés suffisant; *Impf* suffisais; *Prés subj* suffise, suffises,
    suffise, suffisions, suffisiez, suffisent
    Part passé suffi; *Passé composé* j'ai suffi
    Prés ind suffis, suffis, suffit, suffisons, suffisez, suffisent
    Passé simple suffis; *Impf subj* suffisse

36. **suivre**, *to follow*
    Inf suivre; *Fut* suivrai; *Cond* suivrais
    Part prés suivant; *Impf* suivais; *Prés subj* suive, suives,
    suive, suivions, suiviez, suivent
    Part passé suivi; *Passé composé* j'ai suivi
    Prés ind suis, suis, suit, suivons, suivez, suivent
    Passé simple suivis; *Impf subj* suivisse

37. **tenir**, *to hold*
    Inf tenir; *Fut* tiendrai; *Cond* tiendrais
    Part prés tenant; *Impf* tenais; *Prés subj* tienne, tiennes,
    tienne, tenions, teniez, tiennent
    Part passé tenu; *Passé composé* j'ai tenu
    Prés ind tiens, tiens, tient, tenons, tenez, tiennent
    Passé simple tins, tins, tint, tînmes, tîntes, tinrent; *Impf*
    subj tinsse, tinsses, tînt, tinssions, tinssiez, tinssent
    De même: **appartenir**, *to belong;* **contenir**, *to contain;*
    obtenir *to obtain;* **retenir**, *to retain;* **soutenir**, *to
    sustain*

38. **vaincre**, *to conquer*
    Inf vaincre; *Fut* vaincrai; *Cond* vaincrais
    Part prés vainquant; *Impf* vainquais; *Prés subj* vainque,
    vainques, vainque, vainquions, vainquiez, vainquent
    Part passé vaincu; *Passé composé* j'ai vaincu
    Prés ind vaincs, vaincs, vainc, vainquons, vainquez,
    vainquent
    Passé simple vainquis; *Impf subj* vainquisse
    De même: **convaincre**, *to convince*

39. **valoir**, *to be worth*
    Inf valoir; *Fut* vaudrai; *Cond* vaudrais
    Part prés valant; *Impf* valais; *Prés subj* vaille, vailles,
    vaille, valions, valiez, vaillent
    Part passé valu; *Passé composé* j'ai valu
    Prés ind vaux, vaux, vaut, valons, valez, valent
    Passé simple valus; *Impf subj* valusse

40. **venir**, *to come*
    Inf venir; *Fut* viendrai; *Cond* viendrais
    Part prés venant; *Impf* venais; *Prés subj* vienne, viennes,
    vienne, venions, veniez, viennent
    Part passé venu; *Passé composé* je suis venu
    Prés ind viens, viens, vient, venons, venez, viennent
    Passé simple vins, vins, vint, vînmes, vîntes, vinrent; *Impf*
    subj vinsse, vinsses, vînt, vinssions, vinssiez, vinssent
    De même: **devenir**, *to become;* **prévenir**, *to warn;* **re-
    venir**, *to come back;* **se souvenir de**, *to remember*

41. **vivre**, *to live*
    Inf vivre; *Fut* vivrai; *Cond* vivrais
    Part prés vivant; *Impf* vivais; *Prés subj* vive, vives, vive,
    vivions, viviez, vivent
    Part passé vécu; *Passé composé* j'ai vécu
    Prés ind vis, vis, vit, vivons, vivez, vivent
    Passé simple vécus; *Impf subj* vécusse

42. **voir**, *to see*
   Inf voir; *Fut* verrai; *Cond* verrais
   Part prés voyant; *Impf* voyais; *Prés subj* voie, voies, voie,
   voyions, voyiez, voient
   Part passé vu; *Passé composé* j'ai vu
   Prés ind vois, vois, voit, voyons, voyez, voient
   Passé simple vis; *Impf subj* visse
   De même: **prévoir**, *to foresee;* **revoir**, *to see again*

43. **vouloir**, *to want, to wish*
   Inf vouloir; *Fut* voudrai; *Cond* voudrais
   Part prés voulant; *Impf* voulais; *Prés subj* veuille, veuilles,
   veuille, voulions, vouliez, veuillent
   Part passé voulu; *Passé composé* j'ai voulu
   Prés ind veux, veux, veut, voulons, voulez, veulent;
   Impérat veux, voulons, voulez (tous rares) *ou* veuille,
   veuillons (rare), veuillez
   Passé simple voulus; *Impf subj* voulusse

appendice c.
l'infinitif
complément

1. Liste des principaux verbes qui sont suivis directement par l'infinitif complément :

aimer	faillir	revenir
aimer mieux	falloir	savoir
aller	laisser	sembler
avoir beau	mettre	sentir
compter	monter	souhaiter
croire	oser	supposer
désirer	paraître	valoir mieux
devoir	penser	venir
écouter	pouvoir	voir
entendre	préférer	vouloir
envoyer	prétendre	
espérer	regarder	

2. Liste des principaux verbes qui introduisent l'infinitif complément par la préposition *à* :

aider à	avoir à	demander à
aimer à	chercher à	encourager à
amener à	commencer à	engager à
s'amuser à	se consacrer à	enseigner à
apprendre à	condamner à	forcer à
arriver à	conduire à	habituer à
s'attendre à	consentir à	hésiter à

s'intéresser à	se décider à	réussir à
inviter à	se plaire à	servir à
se mettre à	pousser à	songer à
obliger à	prendre plaisir à	suffire à
parvenir à	recommencer à	tendre à
passer (du temps) à	renoncer à	tarder à
continuer à	se résoudre à	tenir à

3. Liste des principaux verbes qui introduisent l'infinitif par la préposition *de* :

accepter de	empêcher de	offrir de
accuser de	essayer de	ordonner de
s'apercevoir de	s'étonner de	oublier de
s'arrêter de	éviter de	parler de
avoir peur de	s'excuser de	se passer de
blâmer de	faire bien de	permettre de
cesser de	se fatiguer de	persuader de
charger de	féliciter de	plaindre de
choisir de	finir de	se plaindre de
commander de	forcer de	prier de
conseiller de	se garder de	promettre de
se contenter de	gêner de	proposer de
convaincre de	se hâter de	punir de
convenir de	interdire de	refuser de
craindre de	jouir de	regretter de
décider de	manquer de	remercier de
défendre de	menacer de	reprocher de
demander de	mériter de	résoudre de
se dépêcher de	se moquer de	risquer de
dire de	mourir de	souffrir de
se douter de	négliger de	se souvenir de
écrire de	être obligé de	tâcher de
s'efforcer de	s'occuper de	venir de

appendice d.
les nombres
cardinaux

1. Les nombres cardinaux de 1 à 100

1	un/une	30	trente
2	deux	31	trente et un
3	trois	32	trente-deux etc.
4	quatre	40	quarante
5	cinq	41	quarante et un
6	six	42	quarante-deux etc.
7	sept	50	cinquante
8	huit	51	cinquante et un
9	neuf	52	cinquante-deux etc.
10	dix	60	soixante
11	onze	61	soixante et un
12	douze	62	soixante-deux etc.
13	treize	70	soixante-dix
14	quatorze	71	soixante et onze
15	quinze	72	soixante-douze etc.
16	seize	80	quatre-vingts
17	dix-sept	81	quatre-vingt-un
18	dix-huit	82	quatre-vingt-deux etc.
19	dix-neuf	90	quatre-vingt-dix
20	vingt	91	quatre-vingt-onze
21	vingt et un	92	quatre-vingt-douze etc.
22	vingt-deux etc.	100	cent

2. Les nombres cardinaux de 100 à 1.000.000.000

100	cent
101	cent un etc.

200	deux cents[1]
201	deux cent un etc.
1000	mille
1001	mille un etc.
1100	onze cents, mille cent
1200	douze cents, mille deux cents
1300	treize cents, mille trois cents
1400	quatorze cents, mille quatre cents
1500	quinze cents, mille cinq cents
1600	seize cents, mille six cents
1700	dix-sept cents, mille sept cents
1800	dix-huit cents, mille huit cents
1900	dix-neuf cents, mille neuf cents
2000	deux mille
2100	deux mille cent, etc.
10.000	dix mille
100.000	cent mille
1.000.000	un million de
1.000.000.000	un milliard de

[1] Le **s** de **cents** disparaît devant un nombre cardinal: **mille deux cent vingt-sept.** Mais **mille deux cents habitants.**

lexiques

lexique
français-anglais

A

abîme, *m.* abyss
abord: d'abord first
aboutir to end
abuser to abuse;
  abuser de to take advantage
accord, *m.* agreement;
  être d'accord to agree
acheter to buy
achevé(e) ended, completed
actrice, *f.* actress
actuel (actuelle) current; of
  the present day
admirateur, *m.* admirer
adoucir to soften
affaire, *f.* business, affair
affamé(e) hungry
afficher to display, to put up
affliger to afflict
affronter to face
agent, *m.* policeman, agent
agir to act;
  il s'agit de it's a question of
agréable pleasant
aide, *f.* aid
aimable likable, nice
ainsi thus, so
air: avoir l'air to seem
ajouter to add
allemand(e) German
alpinisme, *m.* mountain climb-
  ing
amant, *m.* lover
ambiguïté, *f.* ambiguity
améliorer to improve

amoureux (amoureuse) in
  love, amorous
(s')amuser to have fun, to en-
  joy oneself
ancien (ancienne) old; former
angoisse, *f.* anguish
annoncer to announce
(s')apercevoir to notice, to per-
  ceive
appartenir to belong
apporter to bring
apprécier to appreciate
apprendre to learn, to teach
après after
archéologue, *m.* archeologist
argent, *m.* money
arrêter to stop, to arrest;
  s'arrêter to stop
aspiré(e) aspirate
assez enough; rather, somewhat
assidûment assiduously
assister à to attend
assoiffé(e) thirsty
atone unstressed
attendre to wait (for);
  s'attendre à to expect
atténuer to soften, to attenuate
aucun (aucune) no, none, not
  any
audace, *f.* audacity
augmentation, *f.* raise, increase
aumône, *f.* alms
auprès de close to, near
aussitôt immediately;
  aussitôt que as soon as

auteur, *m.* author
autre other;
   quelqu'un d'autre someone
   else
avancer to advance; to propose
avant before
aveugle blind
avion, *m.* airplane
avis, *m.* opinion; notice
avocat, *m.* lawyer
ayant *pres. part.* **avoir,** having

B
bague, *f.* ring
bain, *m.* bath
bas (**basse**) low
base, *f.* base
bataille, *f.* battle
bateau, *m.* boat
bâtir to build
battre to beat;
   se battre to fight
bavard, *m.* chatterbox, talkative
   person
beaucoup much, many;
   de beaucoup by far
bénéfice, *f.* profit
besoin, *m.* need
bête stupid
beurre, *m.* butter
bien well; very;
   bien que although (+ *subj.*)
bien-être, *m.* well-being, welfare
bientôt soon
bière, *f.* beer
bijou, *m.* jewel
billet, *m.* ticket; banknote
bistrot, *m.* bar, tavern
bizarre strange
blanc (**blanche**) white
blanchir to whiten; to bleach;
   to launder
blesser to wound, to hurt
bleu(e) blue
boire to drink
bois, *m.* woods
boisson, *f.* drink, beverage

boîte, *f.* box; can
bombe, *f.* bomb
bon (**bonne**) good, kind;
   le bon moment the right time
bonheur, *m.* happiness
bonté, *f.* goodness, kindness
bouche, *f.* mouth
bouger to move
bout, *m.* end
bouteille, *f.* bottle
bras, *m.* arm
bref (**brève**) brief, short
briller to shine
brosser to brush
bruit, *m.* noise
brûler to burn
brume, *f.* thick mist
bu *past. part.* **boire,** drank
buviez *2nd pers. plur. of imp. of*
   boire, you used to drink

C
ça (**cela**) that
cabinet, *m.* small room; lavatory
cafard, *m.* cockroach
cacher to hide, to conceal
cahier, *m.* notebook
camarade, *m.* comrade, friend
cancre, *m.* dunce
candidature, *f.* candidacy
caniche, *m.* poodle
carrière, *f.* career
carte, *f.* map; card
cas, *m.* case
casser to break
céder to yield, to give up
célèbre famous
cellule, *f.* cell
certitude, *f.* certainty
cesser to stop, to cease
chacun (**chacune**) each (one)
chagrin, *m.* sorrow, grief
champignon, *m.* mushroom
chance, *f.* luck;
   avoir de la chance to be
   lucky
chaque each

chapeau, *m.* hat
charmant(e) charming
chasse, *f.* hunt;
 chasse aux sorcières witch
 hunt
chaud(e) hot
chef, *m.* leader, director, boss;
 chef-d'œuvre masterpiece
chemin, *m.* road
cher (chère) expensive; dear
chercher to look for;
 venir chercher to come and
 get, to pick (someone) up
cheveux, *m.* hair
chien, *m.* dog
chinois(e), *f.* Chinese
chirurgie, *f.* surgery;
 chirurgie esthétique plastic
 surgery
choisir to choose
chose, *f.* thing;
 quelque chose something;
 pas grand-chose not much
clef, *f.* key
cœur, *m.* heart
coin, *m.* corner
colère, *f.* anger;
 en colère angry
combien how much, how many
commandant, *m.* commander
comment how
commissaire, *m.* commissioner
complément, *m.* object (*gramm.*)
comporter to involve, to require
composé(e) compound
comprendre to understand; to
 include;
 y compris including
compte, *m.* account;
 se rendre compte de to
 realize
compter to count
concierge, *m.,f.* building super-
 intendent, janitor
conduire to drive
confiance: avoir confiance to
 trust

confondre to confuse
confus(e) embarrassed; confused
connaissance, *f.* acquaintance;
 faire la connaissance de to
 meet
connaître to know
conquête, *f.* conquest
conseil, *m.* advice; council;
 conseil administratif board
 of directors
conseiller to advise
consentir to consent, to agree
constamment constantly
construire to build, to construct;
 se construire to be construed
contenir to contain
contrat, *m.* contract
convaincre to convince
convenir to be suitable, to be-
 hoove
corps, *m.* body
costume, *m.* suit
coucher: se coucher to go to
 bed, to lie down
coup, *m.* blow;
 coup de pied kick
coupable guilty
couramment commonly, cur-
 rently
courant: se tenir au courant to
 keep up with
cours, *m.* course;
 au cours de in the course of
coûter to cost
coûteux (coûteuse) costly
couvrir to cover
craie, *f.* chalk
craindre to fear
cravate, *f.* necktie
créer to create
crise, *f.* crisis;
 crise cardiaque heart attack
croire to believe
cuisine, *f.* kitchen; cooking
curieux (curieuse) curious,
 inquisitive

D

dague, *f.* dagger
danois(e) Danish
danseuse, *f.* dancer
davantage more
(se) débarrasser (de) to get rid of
débat, *m.* debate
debout upright;
  se tenir debout to stand
début, *m.* beginning
déception, *f.* disappointment
découvrir to discover
décrire to describe
défendre to defend; to forbid;
  défendu(e) forbidden
défilé, *m.* parade
défiler to parade
dégoûter to disgust;
  dégoûté(e) disgusted
dehors outside
déjà already
déjeuner, *m.* lunch;
  petit déjeuner breakfast
délégué, *m.* delegate
délibérément deliberately
demain, *m.* tomorrow
demande, *f.* application, request
demander to ask;
  se demander to wonder
démarche, *f.* step, proceeding
demeurer to live, to dwell
démolir to demolish
dent, *f.* tooth
(se) dépêcher to hurry
dépense, *f.* expense
dépenser to spend
déplaisant(e) unpleasant
déprimer to depress
déranger to bother, to disturb
dernier (dernière) last
dérivé(e) derived
(se) dérouler to take place
désespoir, *m.* despair
désigner to designate
désoler to distress;
  je suis désolé(e) I am very
  sorry

dès que as soon as
dessin, *m.* drawing; design
destin, *m.* destiny, fate
destinataire, *m.* addressee
détester to hate
détourner to turn away, to
  divert
détruire to destroy
dette, *f.* debt
devant in front of, before
devenir to become
devoir to have to, be supposed to
devoir, *m.* homework
directeur, *m.* director
diriger to direct;
  se diriger to head (for)
discours, *m.* speech, discourse;
  discours indirect indirect
  discourse
disparaître to disappear
dispute, *f.* argument
disque, *m.* record
dissiper to dissipate
distinguer to distinguish
distraction, *f.* amusement
distrait(e) absent-minded
doigt, *m.* finger
doit *3rd pers. sing. of* **devoir**
dominer to dominate, to control
dommage, *m.* pity
dormir to sleep
douleur, *f.* pain, distress
doute, *m.* doubt
douter to doubt;
  se douter de to suspect
doux (douce) sweet, gentle,
  soft
dû *past part. of* **devoir**
dupe, *m.* dupe
durée, *f.* duration
durer to last, to continue

E

eau, *f.* water;
  eau de vie brandy
échange, *m.* exchange
écharpe, *f.* scarf

échelle, *f.*   scale, ladder
éclaircir   to clarify
éclaircissement, *m.*   clarification
écolier, *m.*   student
économie, *f.*   economy, saving;
   faire des économies   to save
   money
écouter   to listen (to)
écraser   to crush; to run over
effacer   to erase
effort, *m.*   effort
égal(e)   equal;
   ça m'est égal   I don't care
église, *f.*   church
empêcher   to prevent
emploi, *m.*   job; use
empoisonné(e)   poisoned
emporter   to carry off, to take
   away
emprunter   to borrow
ému *past part. of* **émouvoir,**
   moved
encore   still, yet, again; also;
   pas encore   not yet;
   encore du café   more coffee
endormir   to put to sleep;
   s'endormir   to fall asleep
endroit, *m.*   place
énergiquement   energetically
enfance, *f.*   childhood
enfant, *m., f.*   child
enfermer   to enclose, to shut in
enfin   finally
s'engager   to begin (conversation)
ennemi, *m.*   enemy
ennuyer   to bore;
   s'ennuyer   to be bored
ennuyeux (ennuyeuse)   dull,
   boring
énormément   enormously
enquête, *f.*   inquiry
enseigner   to teach
ensemble   together
entendre   to hear
entier (entière)   entire, whole
entouré(e)   surrounded

entrée, *f.*   entrance
entreprendre   to undertake
envahir   to invade
envie, *f.*   desire;
   avoir envie de   to feel like
envoyer   to send
épais (épaisse)   thick
éprouver   to feel
équilibre, *m.*   balance, equilibrium
erreur, *f.*   error, mistake
escalier, *m.*   stairway
espérer   to hope
esprit, *m.*   mind, spirit
essai, *m.*   essay
essayer   to try
établir   to establish
étage, *m.*   floor
étant *pres. part. of* **être,** being
état, *m.*   state
été, *m.*   summer
été *past. part. of* **être,** was
éteint(e)   extinguished, dead
étoile, *f.*   star
s'étonner   to be astonished
étrangement   strangely
être   to be
événement, *m.*   event
éviter   avoid
exemplaire, *m.*   copy (of a book)
expérience, *f.*   experience; ex-
   periment
explication, *f.*   explanation
exprimer   to express

F

fâché(e)   angry
facilement   easily
façon, *f.*   way, manner, fashion
facteur, *m.*   mailman; factor
faiblesse, *f.*   weakness
faire   to do, to make;
   faire attention   to pay attention;
   faire la cuisine   to cook;
   faire de son mieux   to do
   one's best
fait, *m.*   fact

falloir: il faut   it is necessary
fané(e)   withered, faded
fantôme, *m.*   phantom, ghost
faut   *3rd pers. sing. of* **falloir**
faute, *f.*   fault
fauteuil, *m.*   armchair
faux (fausse)   false
feindre   to pretend, to feign
femme, *f.*   woman; wife
fête, *f.*   party, feast
fiançailles, *f.*   engagement
fidélité, *f.*   fidelity, faithfulness
fier (fière)   proud
figure, *f.*   face
film, *m.*   movie
fin, *f.*   end, purpose
financier (financière)   financial
fit   *3rd pers. sing. of pret. of* **faire**
flatteur (flatteuse)   flattering
fleurir   to flourish
foire, *f.*   faire
fois, *f.*   time;
   encore une fois   one more time
folie, *f.*   madness, folly
fonder   to found, to establish
fort(e)   strong;
   fort à propos   just in time
fou (folle)   crazy
frais (fraîche)   fresh, cool
franchement   frankly
frit(e)   fried;
   pommes frites   French fries
froid(e)   cold
froideur, *f.*   coldness
fuite, *f.*   flight
fumer   to smoke
furieux (furieuse)   furious
fusée, *f.*   rocket

G

gagner   to win, to earn
gémir   to groan, to moan
gendarme, *m.*   policeman
généreux (généreuse)   generous
génie, *m.*   genius

genre, *m.*   kind, gender
gens, *m. pl.*   people
gentiment   sweetly, nicely
geôlier, *m.*   jailer
geste, *m.*   deed, action
gesticuler   to gesticulate
glace, *f.*   mirror; ice; ice cream
gourmandise, *f.*   gluttony
gracieusement   graciously
gravure, *f.*   engraving
gros (grosse)   big, fat;
   le gros de   major portion
gruyère, *m.*   Swiss cheese
guerre, *f.*   war

H

(s')habiller   to dress
habitude, *f.*   habit;
   comme d'habitude   as usual
(s')habituer (à),   to get used to
***hache,** *f.*   axe
***haie,** *f.*   hedge
***haine,** *f.*   hatred
***hanche,** *f.*   hip
***haricot,** *m.*   stringbean
***harpe,** *f.*   harp
***hasard,** *m.*   chance
***hausser**   to shrug
***hauteur,** *f.*   height
hélas   alas
heure, *f.*   hour
heureusement   fortunately
heureux (heureuse)   happy
hier, *m.*   yesterday
homme, *m.*   man
***honte,** *f.*   shame
hypothèse, *f.*   hypothesis

I

idole, *f.*   idol
ignorer   not to know, to be ignorant of
immeuble, *m.*   building
imperméable, *m.*   raincoat
importance, *f.*   importance
importe: n'importe quoi   anything (at all), no matter what

inconnu(e) unknown; unknown person
incroyablement unbelievably
indéfini(e) indefinite
indépendamment independently
ineptie, *f.* ineptitude, clumsiness
inquiéter to disturb;
  s'inquiéter to be disturbed
insoluble unsolvable
(s')installer to move in
instant: à l'instant right away
intercaler to insert
intérêt, *m.* interest
interroger to interrogate
interrompre to interrupt
inutile useless
invité, *m.* guest
irrégulier (irrégulière) irregular

J
jamais never; not . . . ever
jambe, *f.* leg
japonais(e) Japanese
jeu, *m.* game
jeune young
joie, *f.* joy
joindre to join, to attach
joli(e) pretty
jouer to play
journal, *m.* newspaper
journée, *f.* day
juge, *m.* judge
jusque as far as, up to;
  jusqu'à ce que until (+ *subj.*)
juste just, fair, true

K
képi, *m.* kepi, peaked cap

L
là there;
  là-bas over there, down there
laisser to let, to leave
laissez-passer, *m.* pass
lait, *m.* milk
las (lasse) tired

laver to wash (something).
  se laver to wash (oneself)
leçon, *f.* lesson
léger (légère) light
lent(e) slow
lever to lift;
  se lever to get up
lieu, *m.* place
linge, *m.* household linen; laundry
lire to read
liste, *f.* list
lit, *m.* bed
loin far
longtemps a long time, long
lorsque when
lu *past. part. of* **lire**
lutte, *f.* struggle

M
magasin, *m.* store
maigrir to get thin, to lose weight
main, *f.* hand
mal badly; evil;
  mal à l'aise ill at ease;
  faire mal (à qqn) to hurt (someone)
malade sick, ill
malfaiteur, *m.* malefactor, criminal
malgré in spite of
malheureux (malheureuse) unhappy
malin (maligne) sly, evil, malignant
manger to eat
manière, *f.* manner, way
manquer to miss
manteau, *m.* coat;
  manteau de vison mink coat
marchandise, *f.* merchandise
marché, *m.* market;
  marché aux puces flea market
marcher to walk; to work (a machine)

mari, *m.* husband
se marier to get married
marxisme, *m.* Marxism
masse, *f.* mass, heap
matinée, *f.* morning
mauvais(e) bad; wrong
méchant(e) wicked, evil, bad
mécontent(e) unhappy
médecin, *m.* doctor
médicament, *m.* medicine
meilleur(e) better, best
mélange, *m.* mixture
même same; even; self;
   il en est de même it's the
   same thing, likewise
menace, *f.* threat
menacer to threaten
mendiant, *m.* beggar
mener to lead
mensonge, *m.* lie
mentir to lie
mer, *f.* sea
mesure, *f.* measure, degree
mettre to put, to put on;
   se mettre à to begin;
   mettre en valeur to emphasize;
   se mettre en colère to get
   angry
meuble, *m.* a piece of furniture
meurt *3rd pers. sing. of pres. of*
   mourir, he (she) dies
midi, *m.* noon
mieux best;
   faire de son mieux to do
   one's best
millier, *m.* thousand
mobiliser to mobilize
moindre slightest
moins less;
   à moins que unless (+ *subj.*)
moitié, *f.* half
monarque, *m.* monarch
monde, *m.* world;
   toute le monde everybody
montagne, *f.* mountain
monter to rise, to go up

montrer to show
(se) moquer (de) to make fun
   of, not to take seriously
moqueur (moqueuse) mock-
   ing
morceau, *m.* piece
mort, *f.* death
mot, *m.* word
moteur (motrice) motor,
   driving
mouchoir, *m.* handkerchief
moyen, *m.* means
muet (muette) mute, un-
   pronounced
mur, *m.* wall
musée, *m.* museum

N

nager to swim
naître to be born
né *past part. of* **naître**
négliger to neglect
neige, *f.* snow
nerf, *m.* nerve
net (nette) clear, sharp, clean
nettement clearly, definitely
nettoyer to clean
noir(e) black;
   il fait noir it is dark
nombre, *m.* number
nord, *m.* north
note, *f.* grade
noter to notice
nouveau (nouvel) (nouvelle)
   new
nouvelle, *f.* news
numéro, *m.* number

O

obscurité, *f.* darkness
obtenir to obtain
occasion, *f.* opportunity
occupé(e) busy
œuf, *m.* egg
offrir to offer, to treat;
   s'offrir to treat oneself
offert *past part. of* **offrir**

omettre to omit
orgueil, *m.* pride
orthographe, *f.* spelling
oser to dare
oublier to forget
outil, *m.* tool
ouvertement openly
ouvrier, *m.* worker
ouvrir to open

P

paix, *f.* peace
pâlir to turn pale
pape, *m.* Pope
paquet, *m.* package
paraître to appear
parapluie, *m.* umbrella
parce que because
pardessus, *m.* topcoat
pareil (**pareille**) similar
parfaitement perfectly
parfois sometimes
parfum, *m.* perfume; flavor
part *3rd pers. sing. of pres. of*
  partir, he (she) leaves
partager to share
partenaire, *m., f.* partner
parti, *m.* party (political); match
  (sports)
partie, *f.* part
partir to leave;
  à partir de from, starting
  from
partout everywhere
paru *past part. of* **paraître**
parvenir to succeed
passant, *m.* passerby
passer to spend (time);
  se passer to happen;
  se passer de to do without
patron, *m.* boss, supervisor
pays, *m.* country
peindre to paint
peine, *f.* pain, trouble;
  ce n'est pas la peine it's not
  worth the trouble
peintre, *m.* painter

peinture, *f.* painting
pensée, *f.* thought
perdre to lose
perdu *past part. of* **perdre,** lost
personne, *f.* person
  personne nobody
petit(e) small, little
petit pain, *m.* hard roll
peu few, little;
  peu de monde few people
peur, *f.* fear;
  avoir peur de to be afraid
  of
peuvent *3rd pers. pl. of pres. of*
  pouvoir
pièce, *f.* play
pieux (**pieuse**) pious
pitié, *f.* pity;
  avoir pitié de to have pity on
plage, *f.* beach
plaindre to pity, to feel sorry
  for;
  se plaindre de to complain of
plaire to please
plaisir, *m.* pleasure
planche, *f.* plank, board
plancher, *m.* floor
planète, *f.* planet
plein(e) full
pleurer to cry, to weep
pleuvoir to rain
plu *past part. of* **plaire, pleuvoir**
plus more;
  ne...plus no more, no longer
  de plus en plus more and
  more
plutôt rather, sooner
poème, *m.* poem
poliment politely
polir to polish
pompier, *m.* fireman
portefeuille, *m.* wallet
porter to carry; to wear; to bear
poser to put; to ask (a question)
poste, *m.* job, position
pour for;
  pour que in order that

pourboire, *m.* tip
pourquoi why
poursuivre to pursue
pourvu que provided that (+ *subj.*)
pousser to push, to drive
pouvoir to be able
préciser to specify
préjugé, *m.* prejudice
prendre to take
presque almost
prêt(e) ready
prêter to lend
preuve, *f.* proof
prévenir to notify, to warn
prix, *m.* price; prize
produit, *m.* product
profiter to profit, to take advantage
profondément profoundly, deeply
projet, *m.* plan
promenade, *f.* walk;
 faire une promenade to take a walk
promesse, *f.* promise
promettre to promise
pronominal(e) reflexive
proposition, *f.* clause
provoquer to provoke
prudemment carefully, safely
prudent(e) cautious, safe
puce, *f.* flea;
 marché aux puces, *m.* flea market
puis then
puissant(e) powerful
puisse *subj. of* **pouvoir**
punir to punish
punition, *f.* punishment
pupitre, *m.* pupil's desk; music stand

Q
quand when
quartier, *m.* neighborhood
quelque part somewhere

quitter to leave
quoique although (+ *subj.*)

R
raconter to tell (a story)
radical, *m.* stem, radical
rajeunir to get younger
ralentir to slow down
ramasser to pick up
rappeler to remind, to recall;
 se rappeler to remember, to recall
rapport, *m.* report
rapporter to bring back;
 se rapporter à to refer to
se raser to shave
rassurer to reassure
rater to fail, to miscarry, to botch
ravi(e) delighted
réagir to react
réaliser to carry out, to materialise
 se réaliser to occur
récemment recently
récent(e) recent
recevoir to receive; to have guests
réciproque reciprocal
réciter to recite
reçois *1st pers. sing. of pres. of* **recevoir**
récompense, *f.* reward
rectifier to rectify
reçu *past. part. of* **recevoir**
réduire to reduce
refaire to do over
réfléchi(e) reflexive
réfléchir to reflect, to think
regarder to look at;
 cela ne me regarde pas that's none of my business
régime, *m.* regime; diet
régir to direct; to govern
règlement, *m.* regulation
régner to reign
reine, *f.* queen

rejeter   to reject, to refuse
relié(e)   bound
remarquer   to notice
remercier   to thank
remonter   to go back up; to wind up
remords, *m.*   remorse
remplacer   to replace
renaître   to be born again
rendez-vous, *m.*   appointment, rendezvous
rendre   to give back;
   rendre + adj.   to make . . .
renoncer   to renounce, to give up
renseigner   to inform
renseignement, *m.*   information
rentrer   to go home; to go back in; to put back in
renverser   to overturn, to knock down
se répandre   to spill, to spread
réparer   to repair
se repentir   to repent
répéter   to repeat
repos, *m.*   rest
reportage, *m.*   newspaper report
(se) reposer   to rest
reprendre   to take back;
   reprendre le travail   to go back to work
représentant, *m.*   representative
reprocher   to reproach
résoudre   to resolve
ressembler (à)   to resemble, to look like
rester   to stay
rétablir   to restore, to re-establish
retard: en retard   late
retenir   to retain, to reserve
retrouver   to find again
   se retrouver   to meet
réunion, *f.*   meeting
réussir   to succeed
(se) réveiller   to wake up
révéler   to reveal
revenir   to come back, to return

revoir   to see again
   au revoir   goodbye, so long
revue, *f.*   magazine
rien   nothing
rire   to laugh
risque, *m.*   risk
roman, *m.*   novel
rompre   to break
rond, *m.*   circle, (smoke) ring
ronger   to gnaw
rougir   to blush, to redden
route, *f.*   road, highway
roux (rousse)   red-haired, russet
ruisseau, *m.*   stream, gutter

S
sain(e)   healthy
   sain et sauf (saine et sauve)   safe and sound
saisir   to seize
salir   to dirty
salut, *m.*   health, salvation
sang-froid   presence of mind; cool (*colloq.*)
sans   without
santé, *f.*   health
satisfait(e)   satisfied
sauf   except
savant, *m.*   scientist, learned person
savourer   to savor
sec (sèche)   dry
secouer   to shake
selon   according to
sembler   to seem
sénateur, *m.*   senator
sens, *m.*   meaning
sentiment, *m.*   feeling
sentir   to feel
sérieux (sérieuse)   serious
service, *m.*   service;
   demander un service   to ask a favor;
   rendre un service   to do a favor

servir   to serve;
  se servir de   to use
sévir   to rage (war, disease, etc.)
seul(e)   alone, only
signaler   to point out
signer   to sign
silencieusement   silently
singe, *m.*   monkey
soif, *f.*   thirst
soigner   to take care of
soin, *m.*   care
sommeil, *m.*   sleep
son, *m.*   sound
songer   to think, to dream
sorcière, *f.*   witch
sortir   to go out; to take out
soucoupe, *f.*   saucer;
  soucoupe volante   flying
    saucer
souffrance, *f.*   suffering
souffrant, *m.*   sick (or suffering)
    person
souffrir   to suffer
soulever   to raise, to lift up
souligner   to underline, to stress
soumettre   to submit
souri   *past part. of* **sourire,**
    smiled
souris, *f.*   mouse
sous   under
soutenir   to support, to sustain;
    to assert
(se) souvenir (de)   to remember
souvent   often
stylo, *m.*   pen
subir   to suffer, to undergo
succès, *m.*   success
succomber   to succumb
suffire   to suffice
suffisant(e)   sufficient
suffisamment   sufficiently
suggérer   to suggest
suivant(e)   following
suivre   to follow
supportable   bearable
supporter   to endure
supprimer   to suppress

sûr(e)   sure
surprendre   to surprise
surtout   especially
surveiller   to survey, to look
    over
survenir   to occur
syllabe, *f.*   syllable
système, *m.*   system

T

tabac, *m.*   tobacco
tableau, *m.*   painting, picture
tâche, *f.*   task
(se) taire   to be silent;
  tais-toi!   (**taisez-vous!**)   be
    quiet!
tandis que   while
taper (**à la machine**)   to type
tard   late
tel (**telle**)   such;
  tel que   such as
  tel quel   as is
témoin, *m.*   witness
temps, *m.*   time; weather; tense;
  à temps   in time
tendance, *f.*   tendency
tenir   to hold;
  tenir une promesse   to keep
    a promise;
  tenir compagnie   to keep
    company;
  se tenir debout   to stand
tentation, *f.*   temptation
tenter   to try
terminaison, *f.*   ending
terminer   to end
territoire, *f.*   territory
tête, *f.*   head
thèse, *f.*   thesis
tiret, *m.*   blank
tiroir, *m.*   drawer
titre, *m.*   title
toile, *f.*   canvas, painting
toilette: faire sa toilette   to
    wash and dress (shave, brush
    teeth, etc.)

tomber to fall;
  laisser tomber to drop
tonnerre, *m.* thunder
tort, *m.* wrong;
  avoir tort to be wrong
toujours always, still
tourmenter to torment, to torture
tournée, *f.* tour, round
tout, *m.* everything
  tout le monde everybody
toutefois however
trace, *f.* track, trace
trahir to betray
tramway, *m.* streetcar
transcrire to transcribe
transmettre to transmit
traverser to cross
triste sad
tristesse, *f.* sadness
tromper to deceive;
  se tromper to be mistaken
trompeur (**trompeuse**) deceptive
trop too, too much, too many;
  trop de monde too many people
trouver to find;
  se trouver to be located, to find oneself

U
usine, *f.* factory
usité(e) used
utiliser to utilize

V
vaincre to defeat
vaincu *past part. of* **vaincre**
valeur, *f.* vlaue, worth;
  mettre en valeur emphasize
vallée, *f.* valley
valoir to be worth;
  il vaut mieux it is better;
  ça ne vaut pas la peine that is not worth the trouble

vécu *past part. of* **vivre**
vendre to sell
venir to come;
  venir de + *inf.* to have just . . .
vent, *m.* wind
véritable real, genuine
vérité, *f.* truth
verre, *m.* glass; drink
vêtu(e) *past part. of* **vêtir,** dressed
veux *1st per. sing. of pres. of* **vouloir**
vice, *m.* vice
vie, *f.* life
vieux (**vieil**) (**vieille**) old
vif (**vive**) sharp, keen, lively
vigoureusement vigorously
ville, *f.* city;
  en ville downtown
vin, *m.* wine
vis *1st pers. sing. of pres. of* **vivre**
visage, *m.* face
vison, *m.* mink
vite fast
vitrine, *f.* store window
vivement sharply;
  réagir trop vivement to overreact
voici here is (are)
voie, *f.* way
voir to see
voisin, *m.* neighbor
voiture, *f.* car, carriage
voix, *f.* voice
volant(e) flying
vouloir to wish, to want;
  en vouloir à to dislike, have a grudge against;
  vouloir dire to mean
voyelle, *f.* vowel
vraiment really, truly
vraisemblable likely, probable

Y
y there; to it, to them (*impersonal*)
yeux, *m. pl.* eyes

Lexique anglais-français

A
about: talk about parler de
absolutely absolument
adore adorer
advice conseil, *m.*
advise conseiller
again encore (une fois);
  see again revoir
along: get along with s'en
  tendre avec;
  get along without se passer
  de
always toujours
ambitious ambitieux (am
  bitieuse)
amuse amuser
ancient ancien(ne)
annoying désagréable
answer répondre (à)
answer réponse, *f.*
apartment appartement, *m.*
artist artiste, *m.*

B
beautiful beau (bel) (belle)
beer bière, *f.*
before avant; avant de (+ *inf.*);
  avant que (+ *subj.*)
believe croire;
  believe in croire à
best le mieux; le (la) meilleur(e);
  do one's best faire de son
  mieux
book livre, *m.*
bother déranger, inquiéter
boy garçon, *m.*

bread pain, *m.*
bring apporter
brother frère, *m.*
brotherhood fraternité, *f.*
buy acheter

C
can (be able) pouvoir
car voiture, *f.*
ceremony cérémonie, *f.*
choose choisir
claim prétendre
class classe, *f.*
clean propre
competent compétent(e)
country pays, *m.*
curious curieux (curieuse)

D
dance danser
day jour, *m.*
decorate décorer
destiny destin, *m.*; destinée, *f.*
die mourir
dirty sale
document document, *m.*
doubt doute, *m.*

E
eat manger
equality égalité, *f.*
evening soir, *m.*
ever jamais
everything tout, *m.*
explain expliquer
eye œil, *m.* (yeux, *m. pl.*)

F
family famille, *f.*
fast vite
finally enfin
fine-looking beau (bel)
   (belle)
forgive pardonner (à)
frequently fréquemment
friend ami, *m.* (amie, *f.*)

G
get: get up se lever;
   get married se marier;
   get down descendre
girl jeune fille, *f.*
girlfriend amie, *f.*, petite amie
give donner
glass verre, *m.*
go aller;
   go in entrer;
   go out sortir;
   go up monter
goodbye adieu;
   say goodbye faire ses adieux
great grand(e)
Greece Grèce, *f.*
Greek grec (grecque)

H
happen arriver, se passer
hate détester, haïr
home maison, *f.*;
   go home rentrer
hope espérer
house maison, *f.*;
   at your house chez vous
human humain(e)
hungry: be hungry avoir faim
hurt faire mal

I
idea idée, *f.*
imbecile imbécile, *m.*
impossible impossible
insect insecte, *m.*
insult insulte, *f.*

intelligently intelligemment
interesting intéressant(e)
invite inviter
Italian italien(ne)

J
job emploi, *m.*

K
king roi, *m.*
know connaître; savoir

L
last dernier (dernière)
late tard
leave partir
less moins
lesser moindre
letter lettre, *f.*
liberty liberté, *f.*
life vie, *f.*
like aimer
listen (to) écouter
little peu; petit;
   a little un peu
long long (longue);
   a long time longtemps;
   how long depuis quand,
     depuis combien de temps
look (at) regarder

M
make faire
man homme, *m.*
manuscript manuscrit, *m.*
matter affaire, *f.*; matière, *f.*
maybe peut-être
mean vouloir dire
mechanic mécanicien, *m.*
meet faire la connaissance (de
   qqn.)
midnight minuit, *m.*
money argent, *m.*
morning matin, *m.*
much (very much) beaucoup
music musique, *f.*

N

necktie cravate, *f.*
need: to need avoir besoin (de)
neighborhood quartier, *m.*
new nouveau (nouvel) (nouvelle); neuf (neuve)
noise bruit, *m.*
notion notion, *f.*
now maintenant

O

offer offrir
often souvent
open ouvrir
open ouvert(e)
opera opéra, *f.*
order ordonner
owe devoir
own propre;
  my own book mon propre livre

P

package paquet, *m.*
paper papier, *m.*
pencil crayon, *m.*
people gens, *m. pl.*;
  lots of people beaucoup de monde;
  too many people trop de monde
please s'il vous plaît
pleasure plaisir, *m.*;
  give pleasure faire plaisir
police police, *f.*
poor pauvre
Portugal Portugal, *m.*
pretend faire semblant
pretty joli(e)
problem problème, *m.*
progress progrès, *m.*;
  make progress faire des progrès

Q

queen reine, *f.*
quickly vite

R

read lire
really vraiment
red rouge
report rapport, *m.*
reward récompense, *f.*
ridiculous ridicule

S

say dire
secretary secrétaire, *m., f.*
see voir
sell vendre
send envoyer;
  send for faire venir
several plusieurs
severely sévèrement
should devoir (*cond.*) + *inf.*
situation situation, *f.*
slightest le (la) moindre
small petit(e)
so ainsi;
  so much (so many) tant;
  and so ainsi
solution solution, *f.*
speak parler
stand se tenir debout;
  stand in line faire la queue
still toujours, encore
succeed réussir
Sweden Suède, *f.*
swim nager

T

take prendre;
  take place avoir lieu;
  take a walk faire une promenade
tall grand(e)
tell dire; raconter
than que
that cela;
  all that tout cela;
  everything that tout ce qui, tout ce que
there là; là-bas;
  there is voilà; il y a

think   penser
thought   pensée, *f.*
three   trois
time   temps, *m.*; fois, *f.*;
   at that time   à ce moment-là;
   two times   deux fois
tired   fatigué(e)
tomorrow   demain, *m.*
trick   tour, *m.*;
   dirty trick   sale tour, *m.*
trip   voyage, *m.*
   have a good trip   faire un bon
   voyage
true   vrai(e)

U

understand   comprendre
unjust   injuste
use   employer, se servir de
usually   d'habitude

W

wait (for)   attendre

wake (up)   réveiller; se réveiller
want   vouloir
weather   temps, *m.*;
   the weather is bad   il fait
   mauvais
week   semaine, *f.*
window   fenêtre, *f.*
without   sans
word   mot, *m.*
work   travail, *m.*
work   travailler
worse   pire, plus mauvais; plus
   mal
wrong: to be wrong   avoir tort;
   the wrong book   le mauvais
   livre
write   écrire

Y

year   an, *m.*; année, *f.*

index

75 76 77 9 8 7 6 5 4 3 2 1